ÜBERSICHT DER SCHNITTTEILE

Auf den beiliegenden Schnittmusterbögen findest du alle Schnittteile, die du zu deinen persönlichen Shirt-Designs zusammenstellen kannst.

Auf SB 1 findest du die Schnittteile: 1, 2, 6, 9, 12

Auf SB 2 findest du die Schnittteile: 4, 5, 8, 10, 17

Auf SB 3 findest du die Schnittteile: 7, 11, 13, 15, 16, 18

Auf SB 4 findest du die Schnittteile: 3, 14, 19

Die folgende Liste gibt einen Überblick über alle Schnittmusterteile und die Variationsmöglichkeiten:

SCHNITTTEIL 1:

Vorderteil mit
Rundhalsausschnitt
tiefem Ausschnitt
amerikanischem Ausschnitt
Mehrweite
geradem Saum
geschwungenem Saum
asymmetrischem Saum
Gesamtlänge bis ca. Hüfthöhe
Gesamtlänge Longshirt
Markierung für Brusttasche und aufgesetzte Tasche
ärmellos

SCHNITTTEIL 2:

Rückteil mit
Rundhalsausschnitt
(für Rundhalsausschnitt, tiefen Ausschnitt, V-Ausschnitt)
tiefem Rückenausschnitt
amerikanischem Ausschnitt
geradem Saum
geschwungenem Saum
asymmetrischem Saum
Gesamtlänge bis ca. Hüfthöhe
Gesamtlänge Longshirt
ärmellos

SCHNITTTEIL 3:

Vorderteil mit
V-Ausschnitt
Überlappung für Wickelshirt
geradem Saum
geschwungenem Saum
asymmetrischem Saum
Gesamtlänge bis ca. Hüfthöhe
Gesamtlänge Longshirt
Markierung für Brusttasche und aufgesetzte Tasche
ärmellos

SCHNITTTEIL 4:

Vorderteil mit
U-Boot-Ausschnitt
Brusttasche
geradem Saum
geschwungenem Saum
asymmetrischem Saum
Gesamtlänge bis ca. Hüfthöhe
Gesamtlänge Longshirt
Markierung für Brusttasche und aufgesetzte Tasche

SCHNITTTEIL 5:

Rückteil mit
U-Boot-Ausschnitt
geradem Saum
geschwungenem Saum
asymmetrischem Saum
Gesamtlänge bis ca. Hüfthöhe
Gesamtlänge Longshirt
Markierung für Brusttasche und aufgesetzte Tasche

SCHNITTTEIL 6:

Ärmel
Kurzarm
Halbarm
¾-Länge
Langarm
mit Ellbogenpatches

SCHNITTTEIL 7:

Puffärmel
Kurzarm
Halbarm
¾-Länge
Langarm
mit Ellbogenpatches

SCHNITTTEIL 8:

nach unten ausgestellter Ärmel:
in ¾-Länge
Langarm

SCHNITTTEIL 9:

Ärmelbündchen für ¾-Ärmel

SCHNITTTEIL10:

Ärmelbündchen für lange Ärmel

SCHNITTTEIL 11:

Bubikragen

SCHNITTTEIL 12:

Brusttasche

SCHNITTTEIL 13:

aufgesetzte Tasche

SCHNITTTEIL 14:

vordere Passe mit
Rundhalsausschnitt
ärmellos

SCHNITTTEIL 15:

vordere Passe mit
tiefem Ausschnitt
U-Boot-Ausschnitt

SCHNITTTEIL 16:

hintere Passe mit
Rundhalsausschnitt
(für Rundhalsausschnitt und tiefen Ausschnitt)
ärmellos

SCHNITTTEIL 17:

hintere Passe mit
U-Boot-Ausschnitt

SCHNITTTEIL 18

vorderes Unterteil (zur Passe) mit
Mehrweite
geradem Saum
geschwungenem Saum
asymmetrischem Saum
Gesamtlänge bis ca. Hüfthöhe
Gesamtlänge Longshirt
Markierung für aufgesetzte Tasche
ärmellos

SCHNITTTEIL 19:

hinteres Unterteil (zur Passe) mit
Mehrweite
geradem Saum
geschwungenem Saum
asymmetrischem Saum
Gesamtlänge bis ca. Hüfthöhe
Gesamtlänge Longshirt
ärmellos

Stefanie Brugger

ALLES JERSEY

PLUS-SIZE-SHIRTS

SCHNITTTEILE KOMBINIEREN – ÜBER 500 OBERTEILE NÄHEN

EMF

EIN BUCH DER
EDITION MICHAEL FISCHER

Melbourne, Seite 61

Helsinki, Seite 69

Kopenhagen, Seite 89

Inhalt

Delhi, Seite 93

Havanna, Seite 103

London, Seite 119

Projekte

Einleitung

T-Shirts fehlen wohl in keinem Kleiderschrank! Praktisch, bequem, pflegeleicht und in endlosen Variationen erhältlich, sind sie modische Alleskönner.

T-Shirts selbst zu nähen macht nicht nur viel Spaß und kann auch von Nähanfängerinnen bewältigt werden, sondern ist auch perfekt, wenn du gern deine individuellen Wünsche erfüllen möchtest.

Inzwischen gibt es eine wunderbare Auswahl an Jerseystoffen in allen erdenklichen Farben und Mustern, in verschiedenen Zusammensetzungen und auch sehr guten (Bio-)Qualitäten. Hier muss keine Frau mehr unzufrieden bleiben, weil sie „von der Stange" kein passendes Modell findet …

Nach meinem ersten Buch zum Thema („Alles Jersey – Shirts & Tops") wurde vielfach der Wunsch nach einem ähnlichen Buch für größere Konfektionsgrößen laut.

Diesem Buch liegt nun also ein neu erstelltes Schnittmuster in den Größen 46–56 bei, das sich wieder eines Baukastensystems bedient. Das ermöglicht es dir, aus einzelnen Designelementen deine ganz persönlichen T-Shirts zusammenzustellen. Kombiniere verschiedene Halsausschnitte, Ärmellängen, unterschiedliche Saumabschlüsse und -formen und viele weitere Details, ganz nach deinem Geschmack. Viele verschiedene Verarbeitungsmethoden bringen zusätzliche Abwechslung.

In einem einleitenden Grundlagenteil werden alle nötigen Vorbereitungen sowie die wichtigsten Techniken erklärt. Hier findest du auch Anregungen zur individuellen Schnittanpassung.

Anschließend findest du 17 Modelle für unterschiedliche Jahreszeiten und Anlässe, für unterschiedliche Stile und Geschmäcker. Alle Modelle wurden aus dem Baukastensystem zusammengesetzt – die dabei angewandten Verarbeitungsweisen und Details kannst du auch untereinander austauschen oder variieren.

Mit dabei sind eher schlichte Shirts, die relativ schnell und einfach genäht sind, sowie auch etwas aufwendigere Modelle mit vielen spannenden Details.

Am Ende des Buchs bekommst du anhand einiger Abwandlungsbeispiele Anregungen, selbst mit dem Schnittmuster zu arbeiten und deine eigenen Ideen umzusetzen.

Bitte lies dir vor dem Nähen die Anleitungen sorgfältig durch.

Viel Spaß beim Nähen und viel Freude mit deinen persönlichen Lieblingsshirts!

Was du zum T-Shirt-Nähen brauchst

JERSEY-STOFFKUNDE

Jersey ist der Stoff für T-Shirts! Aber was ist Jersey überhaupt?

Jersey gehört – im Gegensatz zu Webware, bei der Kett- und Schussfäden miteinander verwebt werden – zu den sogenannten Maschenwaren. Die Fäden werden miteinander verschlungen, vergleichbar mit dem Stricken. Jersey zeichnet sich durch seine Dehnbarkeit und Anschmiegsamkeit aus, der weiche Stoff fühlt sich auf der Haut angenehm an und macht jede Bewegung mit. Dabei ist Jersey aber nicht gleich Jersey – es gibt viele verschiedene Arten, die sich in der Strickart bzw. im Material und in den jeweils daraus folgenden Eigenschaften deutlich unterscheiden.
Für T-Shirts kannst du folgende Jerseyarten verwenden:

JERSEYSTOFFE NACH STRICKART

Single-Jersey (manchmal auch Trikotstoff genannt) ist ein einlagig gestrickter Stoff. Auf der Vorderseite hat er rechte Maschen, auf der Rückseite linke Maschen. Dieser leichte Stoff ist weich und trägt sich angenehm auf der Haut. Durch das feine Maschenbild können sich bei Single-Jersey allerdings leicht die Seiten einrollen, was beim Nähen manchmal etwas Geduld erfordert.

Interlock-Jersey ist ein zweiseitig gestrickter Stoff. Auf der Vorderseite wird immer nur jede 2. Masche gestrickt, auf der Rückseite dann die „fehlenden" zweiten Maschen (= Kreuzbindung). Dadurch entsteht ein miteinander verbundener, zweilagiger Stoff, der auf beiden Seiten nur rechte Maschen zeigt.
Da er doppelt gestrickt wird, ist Interlock sehr strapazierfähig und etwas dicker bzw. wärmer als Single-Jersey. Zudem rollt er sich an den Seiten nicht ein. Interlock-Jersey besteht meist zu 100 % aus Baumwolle. Ohne Elasthananteil ist der Stoff zwar sehr dehnbar, jedoch nicht elastisch, d. h., er springt nicht in die ursprüngliche Form zurück. Kleidungsstücke aus Interlock können also leicht „ausleiern". Interlock eignet sich daher eher für recht weite T-Shirts oder leichte Pullis.

Double-Jersey bzw. **Romanit-Jersey** ist ein zweilagig gestrickter Stoff. Er hat entweder beidseitig rechte Maschen oder beidseitig linke Maschen. Dadurch wird der Stoff etwas robuster und fällt etwas schwerer. Meist ist Romanit-Jersey nicht sehr stark dehnbar. Oftmals sind Vorder- und Rückseite in unterschiedlichen Farben gehalten, wodurch tolle Effekte erzielt werden können.

Jacquard-Jersey ist wie der Interlock ein zweiseitig gestrickter Stoff. Hier können Muster eingestrickt werden. Sie sind dann auf der Rückseite in den gegengleichen Farben zur Vorderseite sichtbar. Dass zusätzlich Muster aufgedruckt werden, ist unüblich.
Für T-Shirts eignen sich nur leichte Jacquard-Jerseys mit Elasthananteil – festeren Jacquard verwende lieber für eher weite Pullover oder Jacken.

Rippen-Jersey, auch **Bündchenware** oder **Rib-Jersey** genannt, ist ein einlagig gestrickter Stoff, bei dem sich rechte und linke Maschen abwechseln. Dadurch hat dieser Stoff auch ohne Elasthananteil leichte Rücksprungeigenschaften. Der Nachteil hier ist jedoch, dass der Stoff relativ schnell ausleiert – Bündchenware mit Elasthananteil (ca. 5 %) ist dagegen formstabiler. Bei T-Shirts wird Bündchenware für Hals-, Ärmel und Hüftbündchen verwendet.

JERSEYSTOFFE NACH ZUSAMMENSETZUNG

Durch seine Herstellungsart (gestrickt/gewirkt) ist Jersey dehnbar, aber erst durch die Beimischung von Elasthan wird der Stoff elastisch, d. h., er springt nach dem Dehnen wieder in seine ursprüngliche Form zurück.

Baumwolljersey besteht gänzlich oder zu einem überwiegenden Teil aus Baumwolle (z. B. 95% Baumwolle, 5% Elasthan). Dieser klassische Bekleidungsstoff eignet sich bestens für T-Shirts.

Viskosejersey wird aus Viskose (chemisch aufbereiteten Pflanzenfasern) hergestellt, häufig wird ein geringer Elasthananteil beigemischt.
Viskosejersey hat einen fließenden, weichen Fall, was ihn beim Nähen etwas rutschig macht. Durch seinen leichten Glanz kann der Stoff sehr edel wirken und macht sich besonders gut für elegantere T-Shirts.

Modal wird aus natürlicher Zellulose (Buchenholz) hergestellt. Modaljersey ähnelt im Tragegefühl Viskosejersey und ist auch ähnlich zu verarbeiten.

Polyesterjersey besteht aus Polyester mit Elasthanbeimischung und wird überwiegend für Sportbekleidung verwendet.

Wolljersey wird aus Wolle gestrickt/gewirkt, teilweise mit Elasthanbeimischung. Du kannst Wolljersey für winterlich-warme T-Shirts verwenden, achte aber unbedingt darauf, dass der Stoff dehnbar genug ist.

Seidenjersey besteht aus Seide, teilweise mit Viskosebeimischung. Das elegante Material eignet sich gut für edle Tops und T-Shirts.

PFLEGE

Damit deine selbstgenähten T-Shirts dir lange Freude machen, zahlt es sich aus, auf gute Pflege der Kleidungsstücke zu achten. Vergiss außerdem nicht, deine Jerseystoffe auch vor dem Vernähen schon einmal zu waschen, da Jersey oft geringfügig einläuft.

Die meisten Jerseystoffe sind recht pflegeleicht und können in der Waschmaschine mit 30 °oder 40 ° gewaschen werden. Wird zu heiß gewaschen, v. a. bei hohem Elasthananteil, können die synthetischen Fasern im Stoff zerstört werden und der Jersey verliert an Elastizität.

Feinwaschmittel/Wollwaschmittel bzw. Color-Waschmittel können die Leuchtkraft von farbigen Stoffen erhalten. Oft wird eine Feinwäsche bzw. ein Schonwaschgang empfohlen. Auch das Waschen auf links ist besonders schonend. Außerdem solltest du deine T-Shirts mit Kleidungsstücken aus ähnlichen Stoffen und in ähnlichen Farben gemeinsam waschen.

Achte bitte immer auf spezielle Pflegehinweise des Herstellers – oft findest du an der Webkante des Stoffs Hinweise zum Waschen und Pflegen aufgedruckt.

Das Trocknen im Trockner ist meist nicht empfehlenswert, weil die Stoffe dadurch noch einlaufen können. Beim Lufttrocknen hingegen kann nichts schiefgehen. Besonders große, schwere Kleidungsstücke solltest du nicht hängend, sondern im Liegen trocknen, damit sich nichts verzieht.

T-Shirts und alle anderen Kleidungsstücke aus Jersey sind problemlos zu bügeln, sie sollten aber nicht zu heiß gebügelt werden.

Tipp

Wenn du nicht sicher bist, welche Jerseyart vor dir liegt, sieh einmal auf der Webkante nach, dort findest du manchmal Angaben zur Zusammensetzung des Stoffs aufgedruckt. Im Fachhandel kann man dir bestimmt auch Auskunft geben. Gerade für Anfänger ist es sinnvoll, sich an Stoffempfehlungen zu halten – wenn du mehr Erfahrung hast und die Passform eines Schnittes besser einschätzen kannst, kannst du beim Nähen auch mit unterschiedlichen Stoffarten experimentieren oder nötige Änderungen am Schnitt vornehmen.

EINLAGEN UND KURZWAREN

Einlagen sind praktische Ergänzungen nicht nur für Webstoffe, sondern auch für elastische Stoffe wie Jersey und Sweat. Achte sowohl hier als auch beim Kauf deiner Kurzwaren darauf, dass die Elastizität deines Stoffs durch das Vlies oder das Band nicht eingeschränkt wird.

EINLAGEN

Einlagen verstärken den Stoff und verhindern, dass dieser sich ungewollt ausdehnt oder verzieht. Beim T-Shirt-Nähen werden Einlagen vor allem bei der Verarbeitung von Kragenteilen, Knopfleisten, Belegen oder Ausschnittkanten verwendet.
Einlagen bestehen aus Vlies und haben meist eine Klebeseite, mit deren Hilfe sie durch Aufbügeln auf der linken Stoffseite fixiert werden. Einlage an den Rändern verhindert das Einrollen des Stoffs. Für die Projekte in diesem Buch habe ich Einlagen der Marke Vlieseline verwendet; wenn du eine andere Marke vorziehst, achte darauf, dass die Einlage in Stärke und Elastizität dem beim Projekt angegebenen Produkt entspricht.

Empfehlungen für Jerseystoffe:
Vliesofix ist ein beidseitig haftendes Klebevlies, das beim Applizieren sehr praktisch ist.

G 785 ist eine bi-elastische, d.h. in Längs- und Querrichtung elastische Einlage für zarte, fließende Jerseystoffe wie Viskose oder leichte Baumwolljerseys.

H 609 ist eine bi-elastische Einlage speziell für schwerere Jerseystoffe.

G 770 ist eine bi-elastische Einlage für schwerere Jerseystoffe.

G 710 und **G 700** sind leichte, nicht dehnbare Einlagen, die zur Verstärkung von Schnittteilen, die nicht dehnbar sein müssen (z.B. weite Ausschnitte), verwendet werden können.

Framilonband (auch „Framilastic") ist ein dehnbares Band für elastische Bünde oder Raffungen. In die Schulternaht eingearbeitet, verhindert es dauerhaft, dass sich das Shirt ausleiert.

KURZWAREN

Um deinen T-Shirts den letzten Schliff zu verpassen, kannst du unterschiedliche Kurzwaren einsetzen. **Paspeln** und andere **Bänder**, **Gummilitzen**, **Schrägband** oder **Spitze** kannst du zu wirkungsvollen Details verarbeiten. Achte aber unbedingt darauf, für Jersey nur elastische Bänder zu verwenden, denn auch die Verzierungen müssen sich mitdehnen, wenn der Stoff beim Tragen und An- und Ausziehen gedehnt wird.

Bevor du **Knöpfe** an deinen T-Shirts anbringst, solltest du den Jersey an den entsprechenden Stellen auf der Rückseite mit Einlage verstärken. Dann lassen sich auch Knopflöcher nähen, ohne dass der Stoff sich verzieht. Noch leichter zu handhaben sind spezielle **Jersey-Druckknöpfe**, die mit einem dazugehörigen Werkzeug oder einer Zange befestigt werden.

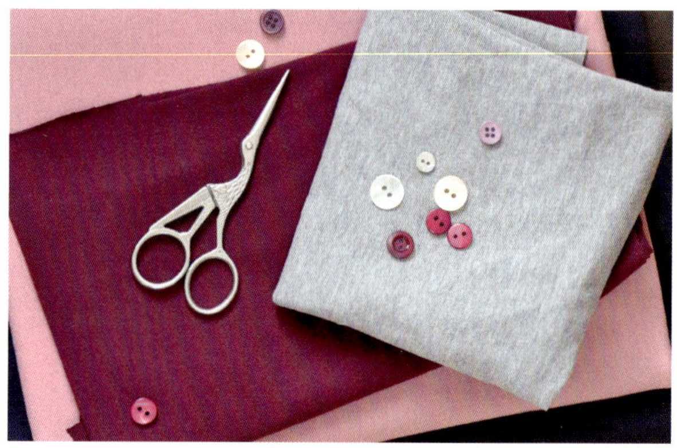

NÄHZUBEHÖR

Neben der Nähmaschine gibt es eine Grundausrüstung, die du für alle Nähprojekte bereithalten solltest. Dieses Handwerkszeug wirst du ständig im Gebrauch haben. Investiere in Qualität, um die Freude am Umgang mit deinem Nähzubehör nicht zu schmälern.

GRUNDAUSSTATTUNG

Eine große, gut in der Hand liegende **Stoffschere** mit langer Klinge leistet dir beim Zuschneiden gute Dienste. Benutze die Schere aber nur zum Schneiden von Stoffen, nicht für Papier, sonst wird sie stumpf.
Eine kleinere **Fadenschere** zum Abschneiden von Fadenenden oder zum Zu- und Ausschneiden von Details ist ebenfalls sehr nützlich.
Vor allem gerade Stoffstücke kannst du gut auch mit einem Rollschneider zuschneiden. Verwende dabei als Unterlage unbedingt eine **Schneidematte** und nimm ein **Lineal** zu Hilfe.
Zum Auftrennen, falls du dich mal vernäht hast, bewährt sich ein **Nahttrenner**. Damit kannst du auch vorsichtig z. B. Knopflöcher aufschneiden.

Stecknadeln brauchst du zum Fixieren mehrerer Stofflagen. Es gibt sie mit Metall- oder Glasköpfchen und in unterschiedlicher Länge und Stärke. Achte darauf, dass die Stecknadeln, vor allem in sehr feinen Stoffen, keine Löcher hinterlassen – stecke daher am besten möglichst innerhalb der Nahtzugaben und verwende für Jersey eher feine Nadeln oder solche mit abgerundeter Spitze. Schnell eingesammelt und aufgeräumt hast du Stecknadeln mit einem (magnetischen) **Nadelkissen**.
Außerdem gibt es sogenannte **Wonderclips**, die, ähnlich Wäscheklammern, Stofflagen zusammenhalten, ohne sie zu durchstechen.

Für die Nähmaschine brauchst du spezielle **Jerseynähnadeln** – mehr zum Thema Nähen mit Jersey findest du ab Seite 10.
Handnähnadeln, Durchziehnadeln mit größerem Nadelöhr und **Sicherheitsnadeln** sollten in deinem Nähkästchen ebenfalls nicht fehlen.

Um Markierungen auf dem Stoff anzubringen, benutze **Schneiderkreide**, die es in verschiedenen Farben und Formen (grobe Blöcke oder feinere Stifte, als Kreiderad) gibt. Daneben gibt es unterschiedliche **Trickmarker** und **Textilstifte**, die sich zum Zeichnen auf dem Stoff eignen – solche Markierungen verschwinden von selbst wieder, je nach Produkt nach einigen Tagen oder z. B. durch Wegwischen mit einem feuchten Tuch. Beachte die Gebrauchshinweise des Trickmarkers bzw. Textilstifts und mach am besten einen Test auf einem Reststück deines Stoffs.

Mit speziellem **Kopierpapier** und einem **Kopierrädchen** lassen sich Markierungen ebenfalls gut auf den Stoff übertragen. Innerhalb der Nahtzugabe kannst du auch mit kleinen Einschnitten – Knipsen – bestimmte Punkte kennzeichnen.

Zum Abnehmen deiner Körpermaße oder zum Ausmessen gebogener Strecken am Schnitt brauchst du ein biegsames (aber nicht dehnbares!) **Maßband**, das sich auch um Rundungen legen kann. Ein **Lineal** bzw. ein **Handmaß** zum Abmessen kurzer Strecken oder zum Überprüfen der Saum- oder Nahtzugaben solltest du auch immer zur Hand haben.

Für das Nähen mit dehnbaren Stoffen wie Jersey sind Polyestergarne empfehlenswert. Sie sind leicht dehnbar und strapazierfähiger als ein Baumwollfaden.
Das beliebteste **Nähgarn** ist der sogenannte „Allesnäher" – ein zweiteiliger Polyesterfaden, der einem Baumwollfaden vom Aussehen her nahe kommt. Für die **Overlock** gibt es spezielles **Overlockgarn**, das auf großen Konen erhältlich ist und meist eine Lauflänge von 2500 m hat.

Kopierrädchen

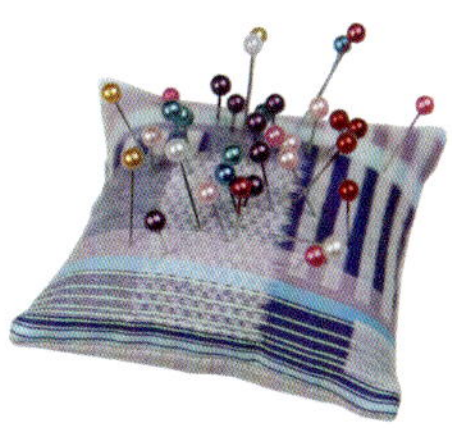

Nadelkissen mit Stecknadeln

Schneiderkreide

Nähgarn

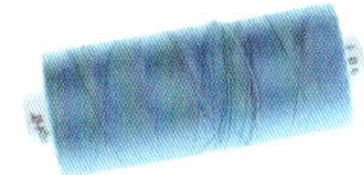

JERSEY NÄHEN MIT DER OVERLOCKMASCHINE

Wer öfter mit Jersey näht, wird auf eine Overlockmaschine nicht mehr verzichten wollen. In einem Arbeitsschritt werden die Stofflagen zusammengenäht und versäubert, die überschüssige Nahtzugabe wird abgeschnitten. Die Nähte werden dehnbar und strapazierfähig und das Nähstück erhält auch auf der Innenseite ein professionelles Aussehen.

DIE WICHTIGSTEN BEGRIFFE

Greifer, Nadeln und Messer

Die Overlockmaschine hat ein integriertes Messer, das die Nahtzugaben während des Nähens sauber abschneidet. Zwei Greifer (Obergreifer und Untergreifer) führen die Fäden anstelle von Spulen. Diese Fäden umschlingen und versäubern den Stoff. Zwei Nadeln mit Nadelfäden bilden die Stiche.

Stichlänge

Wie bei der Haushaltsnähmaschine kann auch bei der Overlockmaschine die Stichlänge, also der Abstand zwischen zwei Nadeleinstichen, eingestellt werden. Dabei gilt grundsätzlich: Leichte, dünne Stoffe werden mit kürzeren und schmaleren Stichen genäht, bei dickeren und schwereren Stoffen eignet sich eine große Stichlänge besser.

Fadenspannung

Das Garn läuft vom Garnrollenhalter durch die Spannungsscheiben, mit denen man jedes Garn einzeln spannen kann. In der Regel kann man sich auf die „Standardeinstellung" verlassen. Bei einigen Stoffen empfiehlt es sich aber, die Spannungen der Greifer oder die der Nadeln etwas zu lösen oder fester zu stellen. Genaue Hinweise dazu liefert die Bedienungsanleitung deiner Overlockmaschine.

Differenzialtransport

Die meisten Overlockmaschinen haben einen Differenzialtransport. Dieser besteht aus zwei Transportplatten unter dem Nähfuß: einer vorderen und einer hinteren. In der Standardeinstellung (1) arbeiten beide Transporteure gleich schnell. Ist das Differenzial kleiner eingestellt (0,7–1), arbeitet der hintere Transporteur schneller als der vordere. Dadurch wird der Stoff beim Nähen etwas gedehnt. Ein welliges Nahtbild entsteht. Dies ist teilweise gewollt, z. B. beim Rollsaum. Wird das Differenzial größer eingestellt (1–2), arbeitet der hintere Transporteur langsamer als der vordere. Dadurch wird der Stoff etwas eingehalten und somit z. B. auch feiner Viskosestoff ohne Wellen genäht.

EINFÄDELN DER OVERLOCKMASCHINE

Wichtig beim Einfädeln ist es, sich an die Reihenfolge zu halten. Beachte dazu die Bedienungsanleitung deiner Overlockmaschine. In der Regel wird von rechts nach links eingefädelt: erst der Untergreifer (Garnrolle ganz rechts), dann der Obergreifer (2. Garnrolle von rechts), dann die rechte Nadel (2. Garnrolle von links) und zuletzt die linke Nadel (Garnrolle ganz links). Sollte mal ein Faden reißen, musst du leider alle Garne neu, der richtigen Reihenfolge nach, einfädeln.
Das Einfädeln braucht ein bisschen Übung, wird dir aber mit der Zeit nicht mehr schwerfallen. Benutze dazu die Pinzette, die zum Lieferumfang der Maschine gehören sollte. Wie genau die einzelnen Fäden eingefädelt werden, entnimm der Bedienungsanleitung deiner Maschine. Viele Maschinen haben farbige Markierungspunkte an den einzelnen Stationen der Fäden, was das zunächst kompliziert ausschauende Einfädeln erleichtert. Bevor du losnähst, achte darauf, dass die Teleskop-Fadenführung nach oben gezogen ist.
Beim Farbwechsel des Garns empfiehlt es sich, die neuen Garne mit den alten vor der Teleskop-Fadenführung zu verknoten und mit angehobenem Nähfuß durch die Maschine durchzuziehen (mittels Betätigung des Nähfußes). So kann das Einfädeln umgangen werden.

NADELN

Bei der Auswahl der Nadeln beachte bitte unbedingt die Empfehlungen in der Gebrauchsanweisung deiner Overlockmaschine. Manche Maschinen können mit Nähmaschinennadeln nähen, andere verlangen nach speziellen Overlocknadeln. Diese tragen die Bezeichnung EL705x für Universalnadeln mit leicht abgerundeter Spitze oder EL705x SUK für spezielle Nadeln für dehnbares Material mit stark abgerundeter Spitze. Die Bezeichnung CV verspricht eine sehr stabile Verchromung. Nadeln gibt es in verschiedenen Stärken: Je nach Materialstärke wird die Nadel gewählt. Ein Single-Jersey oder Viskosejersey sollte mit einer 70er- oder 75er-Nadel genäht werden, ein Double-Jersey, Interlock, Jacquard-Jersey oder leichter Sweatstoff mit einer 80er-Nadel.

HÄUFIG VERWENDETE OVERLOCKSTICHE

Der **4-Faden-Overlockstich** wird zum Versäubern und Zusammennähen verwendet. Hier werden beide Nadeln und beide Greifer genutzt. Der Stich erzielt sehr belastbare Overlocknähte und ist bestens geeignet für viel strapazierte Kleidung.

Der **3-Faden-Overlockstich** ist besonders zum Versäubern geeignet, kann aber, vor allem bei nicht stark belasteten Nähten, auch zum Zusammennähen verwendet werden. Hier wird nur eine Nadel genutzt und somit ein Garn eingespart. Je nachdem, ob die rechte oder linke Nadel verwendet wird, entsteht eine schmalere oder breitere Naht.

Der **3-Faden-Rollsaum** wird zum Säumen verwendet, es entsteht ein dekorativer Kantenabschluss. Hier wird nur eine Nadel genutzt. Wenn der Differenzialtransport auf unter 1 eingestellt wird, ergibt sich ein welliger Saum.

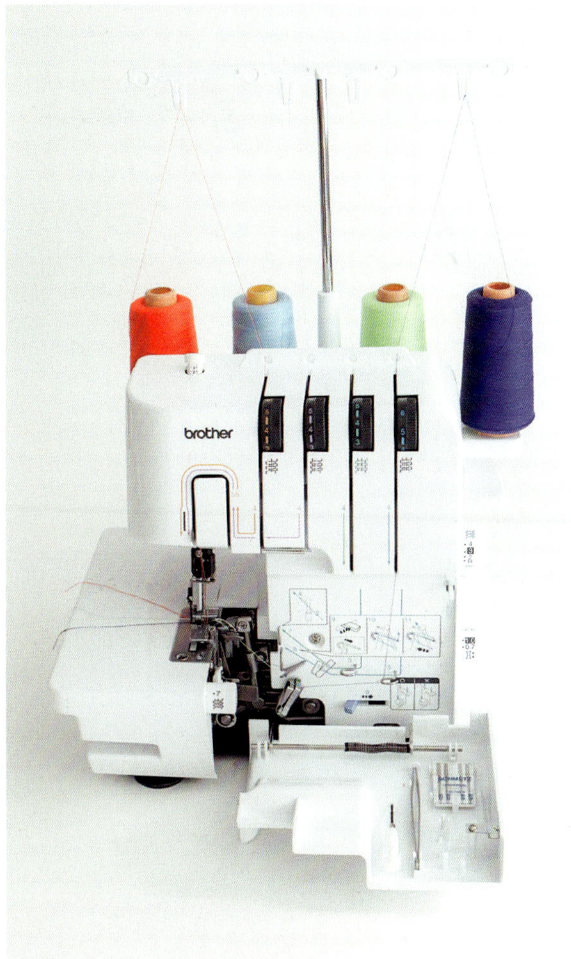

SICHERN DER FADENKETTE **Am Anfang einer Naht**

1. Lass eine Fadenkette von ca. 5 cm stehen, bevor du den Stoff einlegst.
2. Nähe 1–2 cm, bis du die Fadenkette greifen und nach vorn unter den Nähfuß legen kannst. Sie liegt nun auf der Nahtlinie.
3. Nähe über die Fadenkette drüber, ohne sie zu zerschneiden. So wird sie in die Naht mit integriert.
4. Nach 3–4 cm lege die Fadenkette unter das Messer, damit sie abgeschnitten wird.

Am Ende einer Naht

1

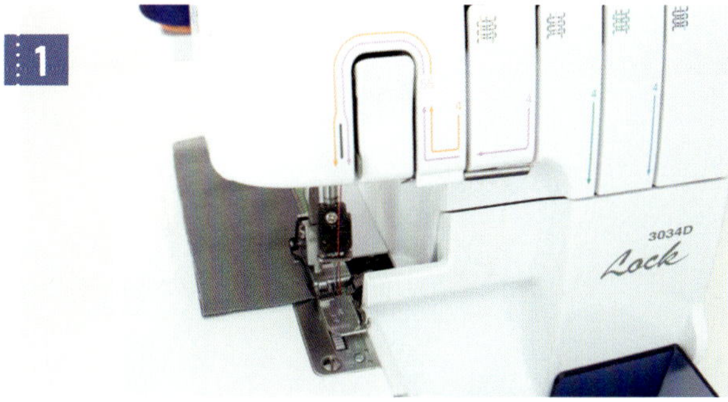

2

3

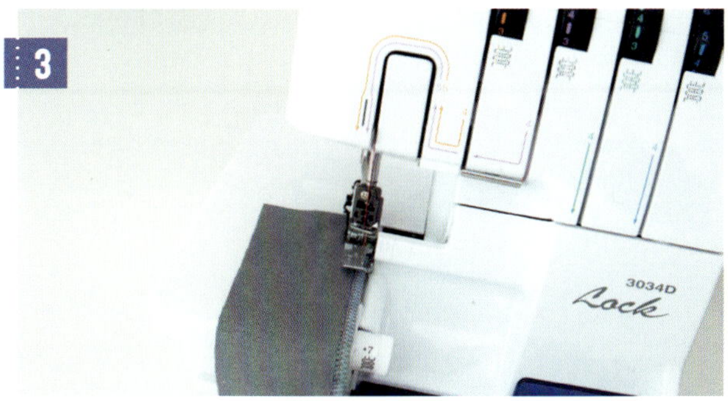

1. Nähe am Ende einer Naht einen Stich über den Stoff hinaus und halte die Maschine an.
2. Hebe den Nähfuß und die Nadeln an und wende den Stoff auf seine Rückseite. Ziehe ihn dann um den Nähfuß herum nach vorn.
3. Nähe nochmals 3–4 cm auf der bisherigen Nahtlinie, ohne die eben gemachte Naht zu zerschneiden. Lass die Naht nach rechts auslaufen, indem du den Stoff während des Nähens nach links aus der Maschine ziehst, verknote die Fadenkette und schneide überstehende Enden ab.

Alternativ kannst du die Nähte auch wie folgt sichern:

1

Die Fadenketten, die am Anfang und am Ende einer Naht überstehen, nah am Stoff verknoten. Dann mit einer Handnähnadel mit großem Öhr in das Ende des Saums einziehen. Den Anfang und das Ende einer Naht eventuell noch mit Stoffkleber fixieren.

Bei Nähten, die in der Runde laufen (z. B. Hüft- oder Halsbündchen), nähe am Ende 3–4 cm über den Anfang der Naht. Dabei achte darauf, dass der Anfang der Naht nicht angeschnitten wird. Hinterher kannst du die Fadenkette verknoten und überstehende Fäden abschneiden.

Tipp

Die Nähte müssen nach den einzelnen Arbeitsschritten nicht gesichert werden, wenn später eine weitere Naht diese kreuzt (z. B. die Schulternaht des T-Shirts, an die der Ärmel genäht wird).

JERSEY NÄHEN MIT DER HAUSHALTSNÄHMASCHINE

Auch mit einer „ganz normalen" Nähmaschine kannst du T-Shirts nähen! Es gibt nur ein paar Punkte, die du bei der Verarbeitung von Jersey beachten solltest.

NADELN

Verwende (Ballpoint-)Jerseynadeln in der Stärke 70–80. Diese haben eine abgerundete Spitze, durch die gestrickte Stoffe nicht beschädigt werden. Die Nadel schiebt sich zwischen die einzelnen Maschen und verdrängt die Stofffasern, ohne sie zu durchstechen.

Stretchnadeln haben ebenfalls eine abgerundete Spitze und sind durch die besondere Form von Nadel und Öhr speziell für feine, hochelastische Maschenwaren (z. B. für Viskosejersey), aber auch z. B. für Fleece gedacht.

DIE MASCHINE FÜHRT!

Außerdem ganz wichtig ist, dass die Maschine den Stoff führt. Auf keinen Fall solltest du während des Nähens am Stoff ziehen oder ihn „anschieben". Dadurch entstehen Wellen in der Naht, die nicht ausgebessert werden können.

Tipp

Wenn sich, auch ohne Ziehen am Stoff, Jerseynähte wellen, bügle vorsichtig mit Dampf über die betreffenden Stellen – meist wird der Stoff dadurch wieder schön glatt.

GEEIGNETE STICHARTEN

Den **Zickzackstich** nähe mit normaler Stichlänge, die Stichbreite stelle je nach Material auf 0,5–1,5. Dieser Stich bleibt elastisch und eignet sich für das Zusammennähen der einzelnen Teile. Je schmaler der Zickzackstich eingestellt ist, desto weniger dehnbar ist später die Naht. Grundsätzlich muss Jerseystoff nicht unbedingt versäubert werden, da er nicht ausfranst. Wenn du es aus optischen Gründen dennoch machen möchtest, verwende auch hierfür den Zickzackstich, sehr breit und mittellang eingestellt. Nähe damit so an der Stoffkante entlang, dass die linken Stiche in den Stoff gehen und die rechten Stiche neben der Stoffkante nur auf den Gegenfaden treffen.

Beim **Stretch-Stich/Elastikstich** besteht die Naht aus versetzten, schrägen Stichen und bleibt dadurch elastisch.

Beim **3-fachen Geradstich** macht die Nähmaschine einen längeren Stich vorwärts und einen kürzeren Stich rückwärts. Dieser Stich ist leicht dehnbar und extrem reißfest. Er könnte auch für das Zusammennähen der einzelnen Teile angewendet werden, ist jedoch (sollte doch mal etwas schieflaufen) extrem schwer wieder aufzutrennen.

Der **3-geteilte Zickzackstich** ist sehr dehnbar und eignet sich gut zum Absteppen von Nähten, wie z. B. dem Saum, oder zum Annähen eines Belegs. Auch mit diesem Stich, kurz und schmal eingestellt, können die einzelnen Teile gut zusammengenäht werden.

Die **Zwillingsnadel-Naht** ist eine elastische, doppelt gesteppte Naht, die aus zwei Oberfäden und nur einem Unterfaden, der im Zickzack verläuft, gebildet wird. Nähte mit der Zwillingsnadel eignen sich gut zum Säumen. Zwillingsnadeln gibt es in verschiedenen Breiten. Schmale eignen sich gut für Jersey, breitere gut für Sweatshirt-Stoff. Manchmal muss beim Nähen mit der Zwillingsnadel die Oberfadenspannung etwas erhöht werden. Die meisten Nähmaschinen haben einen zweiten Garnrollenhalter. Sollte dies bei dir nicht der Fall sein, kannst du dir mit einer Tasse o. Ä. behelfen, die du hinter die Nähmaschine stellst und in die du das zweite Garn legst.

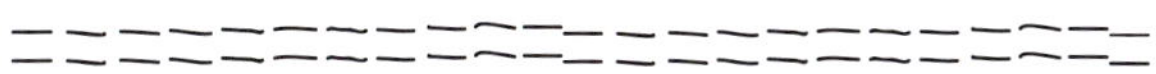

Der **Geradstich** wird bei dehnbaren Stoffen meist nur zum Annähen von Taschen und Applikationen oder zum Absteppen von Ausschnittbündchen o. Ä. angewendet.

Viele Haushaltsnähmaschinen haben **Overlockstiche**. Diese nähen und versäubern in einem Schritt und bleiben sehr dehnbar. Jedoch muss die Nahtzugabe bereits sehr sauber abgeschnitten sein, damit der Rand auch gut mit eingefasst wird.

Weitere **dehnbare Zierstiche** – dazu gehören unter anderem der Hexenstich, der Federstich und der Wabenstich – eignen sich z. B. zum Säumen oder für dekorative Akzente.

GRÖSSENAUSWAHL/MASS NEHMEN

Bevor du eine Größe auswählst, solltest du an dir selbst Maß nehmen.

Verwende dazu ein Maßband, das du um die entsprechenden Körperstellen legst – ohne anzuziehen, aber auch nicht zu locker. Beim Maßnehmen solltest du, um die Maße nicht zu verfälschen, am besten nur Unterwäsche oder ein sehr eng anliegendes Oberteil tragen. Genauer werden die Messungen meist, wenn du dir von einer zweiten Person dabei helfen lässt.

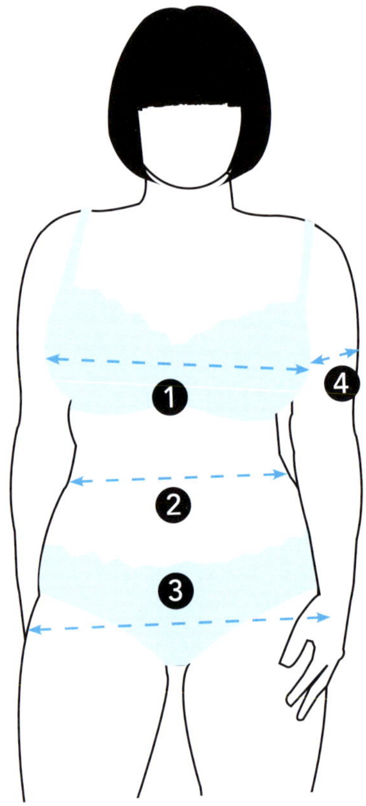

Um die Größe für dein T-Shirt auszuwählen, brauchst du folgende Maße:

(1) Brustumfang: Umfang an der stärksten Stelle der Brust; das Maßband muss beim Messen am Rücken auf derselben Höhe liegen
(2) Taillenumfang: Umfang an der schmalsten Stelle des Rumpfs
(3) Hüftumfang: Umfang an der breitesten Stelle der Hüfte
(4) Oberarmweite: Umfang an der stärksten Stelle des Oberarms

Für die Passform des T-Shirts am wichtigsten ist der Brustumfang. Bitte entnimm der Tabelle diejenige Größe, die deinem Brustumfang am ehesten entspricht. Von dieser Größe ausgehend, kannst du Anpassungen vornehmen – das wird ab Seite 17 erläutert.
Lass dich nicht irritieren, sollte die Größe in der Tabelle hier von deiner üblichen Größe bei gekauften T-Shirts abweichen. Ebenso kann es vorkommen, dass du dich nicht eindeutig einer Größe zuordnen kannst – ab Seite 18 wird beschrieben, wie du verschiedene Größen miteinander kombinieren kannst.

	46	48	50	52	54	56
Körperlänge	170 cm	170 cm	170 cm	170 cm	170 cm	170 cm
❶ Brustumfang	106 cm	112 cm	118 cm	124 cm	130 cm	136 cm
❷ Taillenumfang	90 cm	96 cm	102 cm	108 cm	114 cm	120 cm
❸ Hüftumfang	114,5 cm	120 cm	125,5 cm	131 cm	136,5 cm	142 cm
❹ Oberarmweite	34,2 cm	36,2 cm	38,2 cm	40,2 cm	42,2 cm	44,2 cm

SCHNITTMUSTER ANPASSEN

Kaum eine Person entspricht Standardmaßen – das Tolle am Selbernähen ist, dass du auf die Besonderheiten deines Körpers eingehen und deine Kleidung deinen Bedürfnissen anpassen kannst. Dafür musst du schon vor dem Nähen Änderungen am Schnittmuster berücksichtigen.

Maßtabellen und Konfektionsgrößen basieren auf Durchschnittswerten.
Es ist aber völlig normal, dass einzelne, „echte" Menschen nicht immer und in allen Punkten genau diesem Durchschnitt entsprechen. Jeder Körper ist anders. Betrachte daher ein fertiges Schnittmuster als Ausgangspunkt für genau das Schnittmuster, das zu dir passt. Das Tolle am Selbernähen ist ja, dass du einen Schnitt an deine individuellen Bedürfnisse und Wünsche anpassen kannst, wenn du das möchtest!
Der dem Buch beigefügte T-Shirt-Schnitt ist körpernah und figurbetonend angelegt.
Am besten nähst du ein Probestück, von dem ausgehend du dann nach Wunsch und bei Bedarf Änderungen vornehmen kannst.

Hier findest du einige Anregungen zur Schnittanpassung, die aber nur einen kleinen Einblick in das Thema bieten können.
Wenn du dich tiefer in das Thema einarbeiten willst, empfiehlt sich die Lektüre von Fachliteratur oder der Besuch eines Schnittkonstruktionskurses.

VERLÄNGERN UND VERKÜRZEN

Als durchschnittliche Körperhöhe wird für den T-Shirt-Schnitt ein Maß von 170 cm angenommen. Wenn du deutlich größer oder kleiner bist, solltest du das Schnittmuster in der Länge anpassen.
Als Faustregel gilt hier: Korrigiere die Länge des Oberteils um ca. die Hälfte des Betrags, um den deine Körpergröße von 170 cm abweicht (da sich eine Differenz von beispielsweise 10 cm ja auf den gesamten Körper verteilt – vom Kopf bis zum Fuß).
Natürlich kannst du auch die Ärmellänge anpassen. Das T-Shirt-Schnittmuster beinhaltet seitlich jeweils kleine Knipse (= Markierungen), die die Linien anzeigen, an denen das Schnittmuster sich leicht kürzen oder verlängern lässt. Diese befinden sich bei Vorder- und Rückteil in der Taille, an den Ärmeln am Ellenbogen.

5 cm verlängern

Zeichne dir im Schnittmuster – jeweils bei Vorder- und Rückteil – auf Höhe der Knipse waagerechte Linien ein. Diese müssen genau im rechten Winkel zur vorderen oder hinteren Mitte (bzw. zur Ärmelmitte) verlaufen. Schneide das Schnittmuster an dieser Linie auseinander und lege einen Streifen Papier dahinter. Schiebe die beiden Linien jeweils um die Korrektur – hier um 5 cm – auseinander und klebe die Schnittmuster auf dem Papierstreifen fest. Zeichne die Seitenlinie nach, sodass hier ein harmonischer Verlauf entsteht.

5 cm kürzen

Zeichne dir im Schnittmuster – jeweils bei Vorder- und Rückteil – auf Höhe der Knipse waagerechte Linien ein. Diese müssen genau im rechten Winkel zur vorderen oder hinteren Mitte (bzw. zur Ärmelmitte) verlaufen. Ziehe ober- und unterhalb der Linien jeweils eine weitere Linie. Der Abstand zwischen diesen beiden Linien muss genau dem Maß der Änderung entsprechen (im Beispiel 5 cm). Die ursprüngliche Änderungslinie des Schnittmusters muss genau in der Mitte liegen. Falte das Schnittteil nun so, dass die beiden Linien aufeinandertreffen und die ursprüngliche Änderungslinie im Falz verschwindet. Zeichne die Seitenlinie nach, sodass hier ein harmonischer Verlauf entsteht.

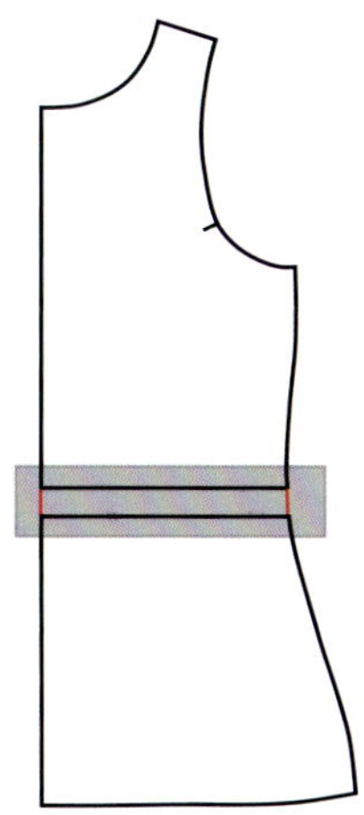

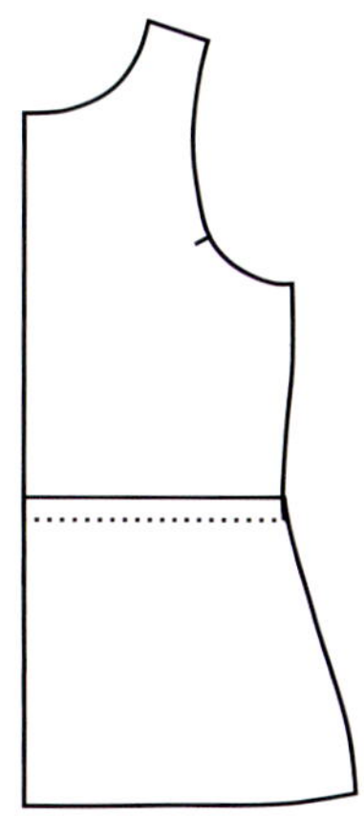

GRÖSSEN MITEINANDER KOMBINIEREN

Es ist gar nicht ungewöhnlich, wenn du dich laut Maßtabelle nicht eindeutig einer Größe zuordnen kannst. Zum Beispiel: Deine Hüftweite entspricht Größe 52, deine Brustweite aber Größe 50. Du kannst das Schnittmuster anpassen, indem du beim Abpausen von Vorder- und Rückteil jeweils zwischen den Größenlinien wechselst. Achte dabei darauf, einen harmonisch verlaufenden Übergang zu zeichnen. Umgekehrt kannst du natürlich auch von einer größeren Brustweite auf eine kleinere Hüft- bzw. Taillenweite wechseln. Beachte, dass die Armausschnitte an Vorder- und Rückteil und die Ärmel immer in derselben Größe zugeschnitten werden müssen, da sonst die Ärmel nicht richtig in die Armkugeln passen. Solltest du genau zwischen zwei Größen liegen, zeichne dir eine Linie, die genau zwischen den beiden Linien der entsprechenden Größen liegt.

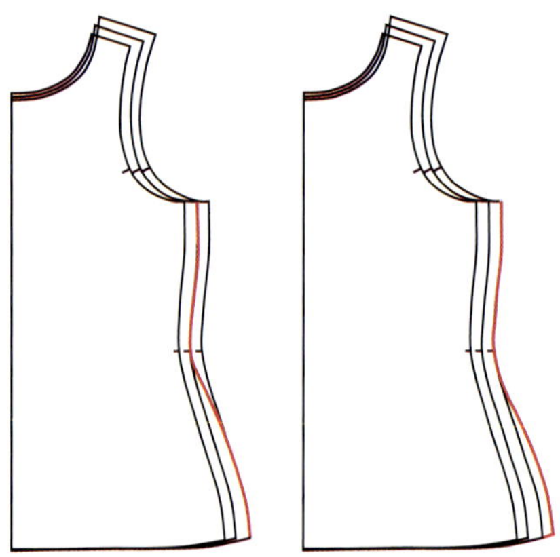

TAILLENWEITE ANPASSEN

Du kannst die Taillenweite an deine Maße anpassen, indem du zwischen den Größenlinien wechselst bzw. auf Höhe der Taillenknipse an Vorder- und Rückteil die benötigte Mehrweite hinzufügst oder die überschüssige Weite wegnimmst.
Auch wenn du lieber ein weniger tailliertes T-Shirt nähen möchtest, kannst du für eine lockerere Passform um den Bauch herum Vorder- und Rückteil auf Taillenhöhe verbreitern.
Umgekehrt kannst du bei Bedarf die Taillenweite auch reduzieren und das T-Shirt noch stärker taillieren.

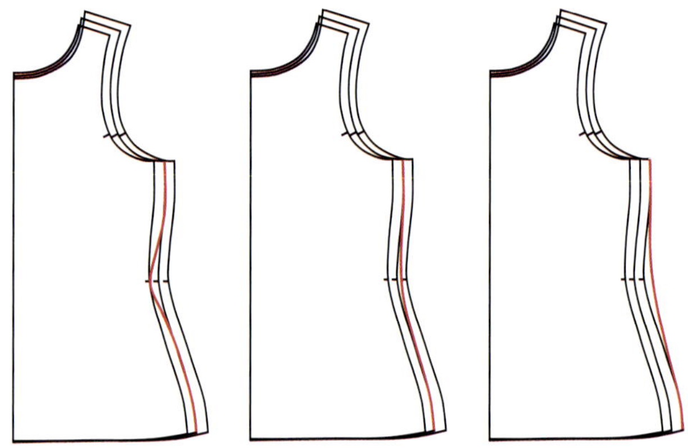

HÜFTWEITE ANPASSEN

Auch die Anpassung der Hüftweite erfolgt, indem du im Hüftbereich, harmonisch verlaufend, auf eine größere oder kleinere Größenlinie wechselst bzw. an den Seitennähten ein Viertel der gewünschten Breitendifferenz dazugibst oder wegnimmst.

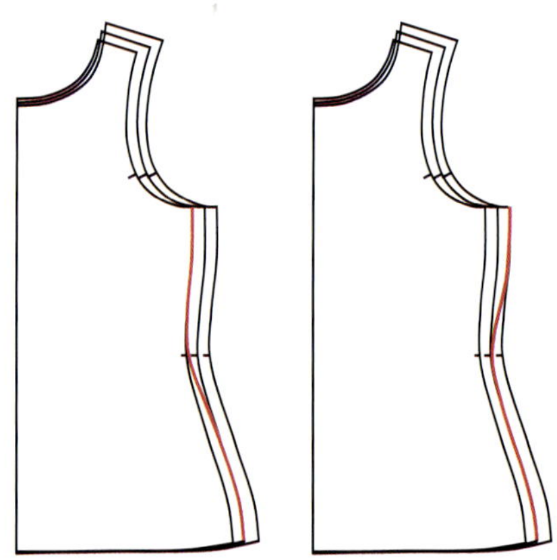

BRUSTWEITE ANPASSEN

Für die Auswahl der Konfektionsgröße ist bei T-Shirts und anderen Oberteilen das Maß der Brustweite bzw. der Brustumfang besonders wichtig.

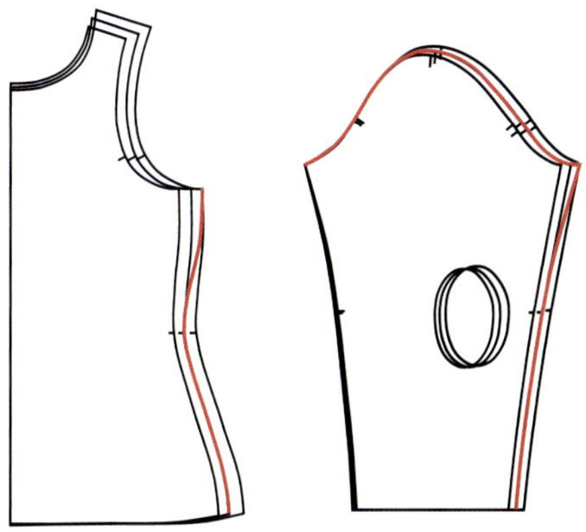

Eine einfache und schnelle Änderung der Brustweite kannst du vornehmen, indem du an Vorder- und Rückteil im Brustbereich auf eine andere Größenlinie wechselt. Vergiss nicht, dass du in diesem Fall auch den Ärmel entsprechend anpassen musst.
Eine etwas aufwendigere, aber effektive Änderung besteht darin, lediglich am Vorderteil mehr Platz für die Brust zu schaffen.
Mit dem Brustumfang wird die stärkste Stelle der Brust gemessen – das allein sagt aber noch nicht alles über deine Körperproportionen oder die Form der Brust aus, weshalb eine weitere Anpassung vorteilhaft sein kann. Wenn das T-Shirt über der Brust spannt oder sich vom Armloch aus starke Falten bilden, sich der Saum am Vorderteil nach oben zieht, ist das meist ein Anzeichen, dass deine Brust mehr Platz benötigt – z. B. weil du eine große Körbchengröße trägst.
Hier einfach insgesamt eine Größe größer zu nähen ist eine schnelle Lösung, kann aber auch bedeuten, dass die Passform an anderen Stellen (z. B. in der Schulterbreite) leidet. Daher bietet es sich an, das Schnittmuster nur im entsprechenden Bereich zu vergrößern.

Eine solche Anpassung für eine große Brust (oft FBA – „Full Bust Adjustment" genannt) sorgt für mehr Platz; der dabei entstehende Brustabnäher formt den Stoff dreidimensional und bewirkt, dass sich das T-Shirt deinen Rundungen gut nachformt.

1. Bestimme den Brustpunkt – das ist der höchste Punkt der Brust, meistens die Brustwarze. Halte den Papierschnitt an dich, um den Brustpunkt zu finden, und markiere ihn, hier auf dem Bild ist er mit einem Kreuz gekennzeichnet. Zeichne dann eine parallel zur vorderen Mitte verlaufende Linie (A) von der Saumlinie bis zum Brustpunkt. Eine zweite Linie (B) verläuft vom Brustpunkt bis zum ersten Drittel der Armausschnittlinie. Rechtwinklig zu A durch den Brustpunkt bis zur Seitennaht verläuft eine dritte Linie, C.
2. Schneide nun Linie A und B von unten bis ganz knapp vor das Armloch auf, am Armloch bleibt das Papier aber verbunden. Auch Linie C schneide auf, von der Seite bis zum Brustpunkt, ohne das Papier am Brustpunkt durchzuschneiden. Dann schiebe das Schnittmuster nach unten und zur Seite auseinander. Achte darauf, dass die Linie A2 parallel zu A liegt, der Abstand beträgt die Hälfte der gewünschten Mehrweite. Der Abnäher an Linie C öffnet sich dabei automatisch.

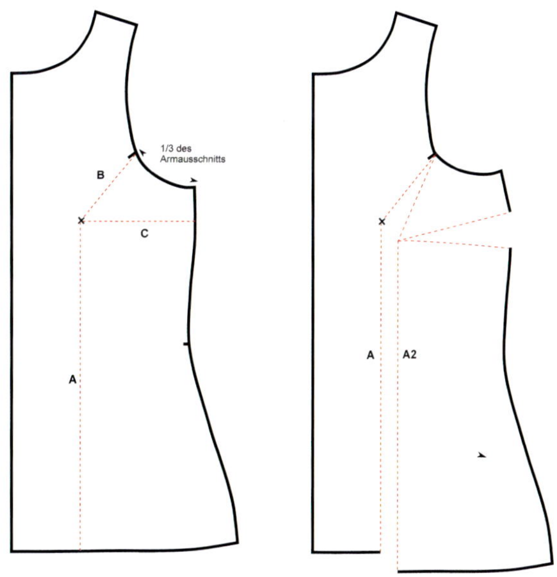

1 2

3. Klebe nun Papier hinter die offenen Stellen. An der Saumlinie ergänze das fehlende Stück.
4. Der an der Seitenlinie entstandene Keil in Brusthöhe muss beim Nähen durch einen Brustabnäher geschlossen werden. Die Spitze dieses Abnähers sollte auf Höhe des Brustpunkts, aber 2–3 cm seitlich davon entfernt, liegen. Du musst die Abnäherlinien also verschieben – auf dem Bild sind die neuen Linien blau eingezeichnet. Dabei bleibt die Breite des Abnähers an der Seitennaht gleich.
5. So sieht dein fertiges Schnittmusterteil mit Brustabnäher und vergrößerter Brustweite aus.
6. So nähst du den Brustabnäher: Der Brustabnäher wird gleich zu Beginn des Nähens geschlossen, bevor du die einzelnen Schnittteile zum T-Shirt zusammenfügst. Markiere dir auf der linken Stoffseite die Linien des Brustabnähers und falte den Stoff so, dass diese nun rechts auf rechts genau übereinanderliegen. Nähe dann mit der Haushaltsnähmaschine von der Seitenlinie beginnend bis zur Abnäherspitze, am besten mit Geradstich. Achte darauf, die Naht am Ende schön flach auslaufen zu lassen. Die Fadenenden an der Abnäherspitze verknoten. Zuletzt bügle den Abnäherinhalt auf der linken Stoffseite nach unten. Jetzt kannst du das T-Shirt, wie auf Seite 30 erklärt, zusammennähen.

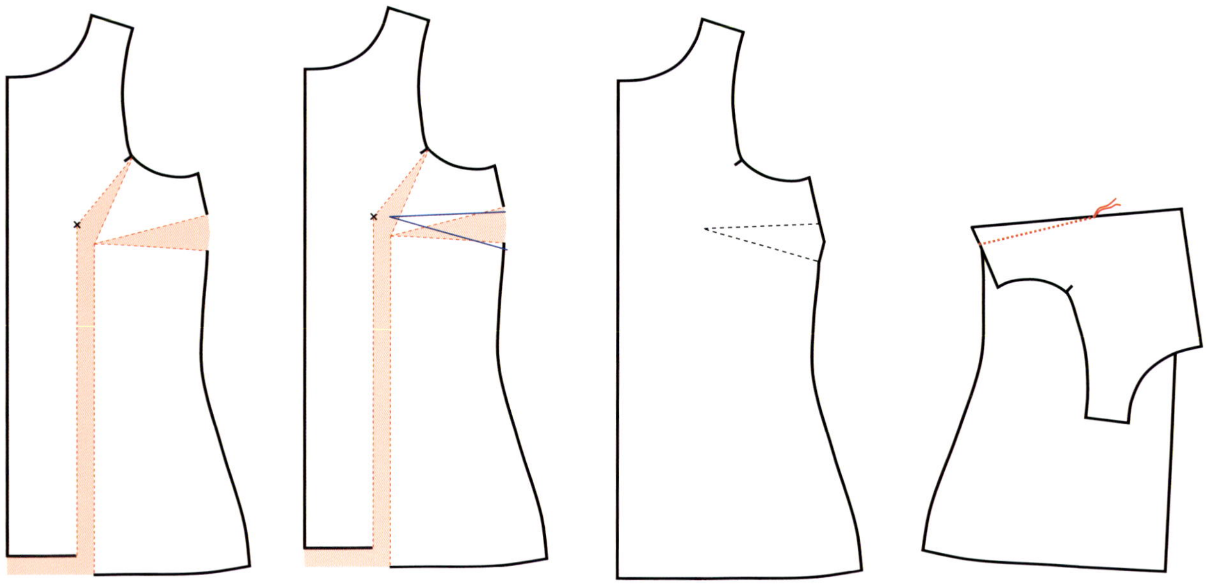

3 4 5 6

OBERARMWEITE ANPASSEN

Um nur die Oberarmweite zu vergrößern, dabei die Armkugel aber nicht zu verändern, musst du folgende Änderungen am Ärmelschnittteil vornehmen:

1. Zeichne dir, ausgehend von der Markierung für die Ärmelmitte, zunächst eine senkrechte Linie ein. Eine zweite Linie verläuft rechtwinklig dazu, im oberen Bereich des Ärmels.
2. Schneide das Ärmelschnittteil dann an diesen Linien bis dicht an den Rand auseinander. Ziehe die oberen Ärmelteile um die benötigte Mehrweite auseinander.
3. Die untere Ärmelweite bzw. der Handgelenksumfang soll sich nicht ändern – daher füge die auseinandergeschnittenen Hälften am Ärmelsaum wieder zusammen. Dadurch schieben sich die Schnittkanten an der waagerechten Einschnittlinie übereinander. Dies sollte auf beiden Seiten gleichmäßig geschehen.
4. Als Letztes korrigiere die Ärmelsaumlinie, sie soll gerade/waagerecht verlaufen. Hinterlege die offenen Bereiche mit Papier bzw. pause zum Schluss das neue Schnittmusterteil noch einmal ab. Der Fadenlauf verläuft rechtwinklig zur Ärmelsaumlinie.

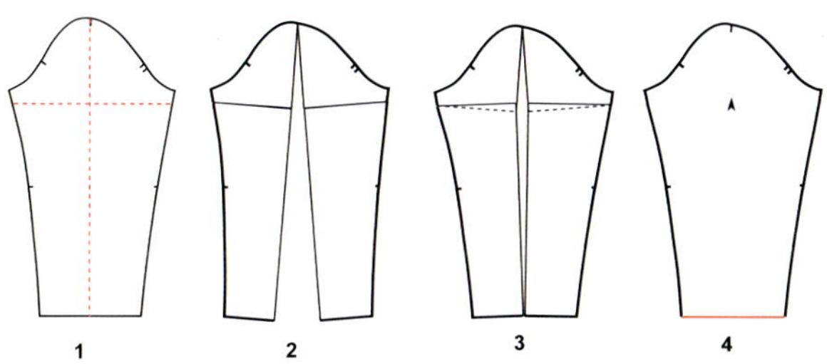

Tipp

Kleinere Änderungen der Ärmelweite unterhalb der Armkugel kannst du über die Seitennähte durchführen. Willst du z. B. die Weite am Unterarm oder am Handgelenk ändern, gib auf beiden Seiten des Ärmels gleichmäßig viel Weite dazu oder reduziere diese. Auch die Armlänge kannst du nach Belieben anpassen.

HOHLKREUZANPASSUNG

Ein Hohlkreuz oder ein ausgeprägtes Gesäß können dazu führen, dass das T-Shirt im Rücken Falten wirft, es sammelt sich dort „zu viel Stoff" an.
Bei nur wenigen Falten kannst du versuchen, nur das Rückteil etwas mehr zu taillieren, um überschüssige Weite wegzunehmen.

Eine genauere Änderung am Schnittmuster kannst du wie folgt durchführen:

1. Zeichne am Schnittmuster auf Taillenhöhe (Knipse) eine zum Stoffbruch rechtwinklige Linie ein und schneide sie bis dicht vor die Seitenlinie ein.
2. Schiebe jetzt das untere Teil nach oben, bis es das obere überlappt. Wie groß diese Überlappung ist, hängt davon ab, wie viel überschüssigen Stoff du wegnehmen willst. Am besten stecke das an einem nach dem Originalschnitt genähten Probestück ab bzw. lass dir von einer zweiten Person dabei helfen.
3. Das Rückteil hat nun an der hinteren Mitte einen leichten Knick. Daher kann es nicht mehr im Stoffbruch zugeschnitten werden, sondern muss zweimal gegengleich zugeschnitten und mit einer Naht verbunden werden.

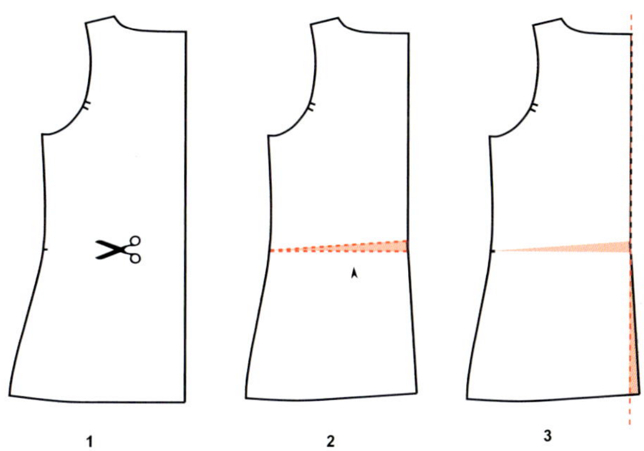

SCHULTERBREITE ANPASSEN

Bei Änderungen der Schulterbreite ist es wichtig, nur die Schulter zu ändern, nicht aber die Länge des Armausschnitts – der Ärmel würde sonst nicht mehr richtig in den Armausschnitt passen.
Vergiss nicht, die Änderung sowohl am Vorder- als auch am Rückteil vorzunehmen.

1. Zeichne dir von der Mitte der Schulterlinie eine gerade Linie nach unten bis zum unteren Ende der Armausschnittlinie und schneide das Schnittmuster hier auf, ohne es jedoch an der Armausschnittlinie durchzuschneiden.
2. Schiebe das Schnittmuster um das gewünschte Maß auseinander oder – zum Verschmälern – übereinander. Beim Verbreitern entsteht ein Spalt, hinter den du ein Stück Papier klebst.
3. Zeichne nun die Schulterlinie zwischen den Eckpunkten neu, sodass sie wieder gerade verläuft.

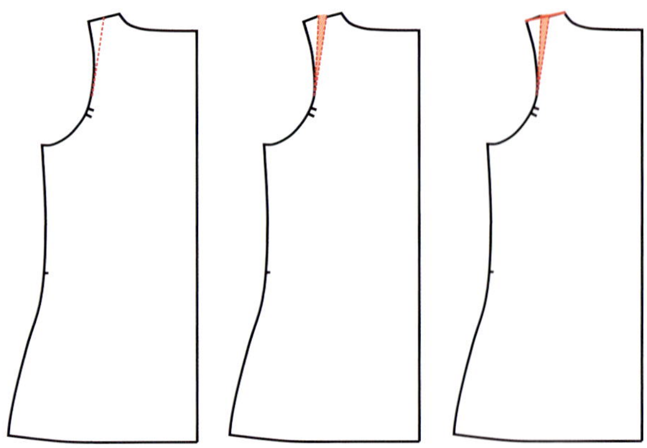

1 2 3

ÄNDERUNG AM DESIGN

Verschiedene kleine Änderungen, die sich weniger auf die Passform als auf das Design bzw. auf deine Tragegewohnheiten beziehen, kannst du ebenso ganz einfach nach deinen Wünschen vornehmen. So kannst du die Ausschnitttiefe bzw. -form anpassen oder z. B. auf Vorder- und Rückteil sowie auf den Ärmelschnittteilen Zwischenlängen einzeichnen.

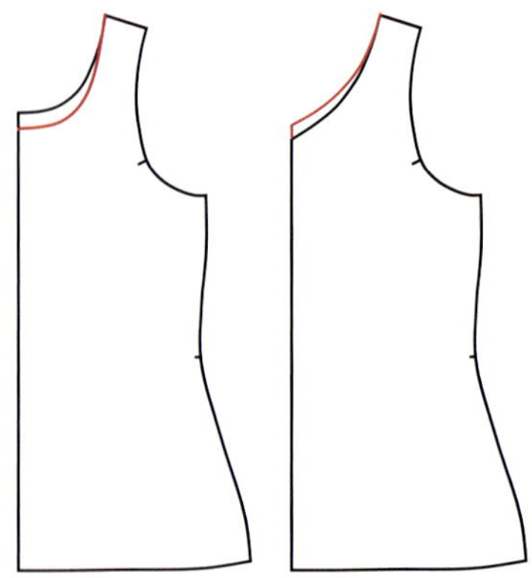

SCHNITT IM BAUKASTENSYSTEM

Diesem Buch ist ein Schnittmuster beigefügt, dessen einzelne Elemente du zu deinen Wunsch-T-Shirts zusammensetzen kannst. So kannst du beispielsweise alle Ärmelformen mit allen Vorder- und Rückteilen kombinieren, verschiedene Saum- und Ärmellängen verwenden und deine Kreationen durch verschiedene Verarbeitungsmethoden, Details und Verzierungen abrunden.

Folgende Optionen sind im Baukastensystem enthalten:

- Rundhalsausschnitt
- tieferer runder Ausschnitt
- U-Boot-Ausschnitt
- V-Ausschnitt
- Ausschnitt in Wickeloptik
- amerikanischer Ausschnitt
- tiefer Rückenausschnitt
- Bubikragen
- Ärmel: Kurzarm, Halbarm, ¾-Arm, Langarm
- dezenter Puffärmel: Kurzarm, Halbarm, ¾-Arm, Langarm
- ausgestellter Ärmel: ¾-Arm, Langarm
- ärmellos
- Passe vorn
- Passe hinten
- Mehrweite zum Einkräuseln
- 2 Längen: normale Länge: bis Hüfte + Longshirt: bis knapp über den Po
- Saumformen: gerade, geschwungen, asymmetrisch
- Brusttasche
- aufgesetzte Tasche
- Ärmelbündchen
- Ellbogenpatches

VIELFALT DURCH VERARBEITUNGSMETHODEN

Neben den unterschiedlichen Schnittteilen sorgen auch verschiedene Nähtechniken und Verarbeitungsmethoden für Abwechslung. Im Kapitel „Die wichtigsten Techniken" ab Seite 30 findest du Erklärungen zu den benötigten Nähtechniken. Zusätzlich werden bei den einzelnen Schritt-für-Schritt-Anleitungen für folgende Modelle weitere Details und Verarbeitungsmöglichkeiten erklärt.

- betonte Mittelnähte: Modell HELSINKI, S. 69
- seitliche Schlitze im Saum: Modell MARSEILLE, S. 77
- Spitzenband an den Ausschnittkanten: Modell CARACAS, S. 81
- amerikanischer Ausschnitt: Modell REIKJAVÍK, S. 65
- Fake-Knopfleiste: Modell ODESSA, S. 85
- innenliegende Versäuberungsstreifen: Modell DELHI, S. 93
- V-Ausschnitt mit Raffung: Modell HAVANNA, S. 103
- Raffung mit Tunnelzug: Modell HAVANNA, S. 103
- Riegel an den Ärmelsäumen: Modell VENEDIG, S. 109
- gedoppelte Belege am Halsausschnitt: Modell KAIRO, S. 115
- überlappende Ärmelbündchen: Modell LONDON, S. 119
- Bubikragen: Modell LONDON, S. 119
- tropfenförmige Aussparung am Halsausschnitt: Modell MÁLAGA, S. 125
- Halsausschnitt mit Schlitz (und Bindebändern): Modell OSAKA, S. 131
- Lagenlook: Modell PHOENIX, S. 137

SO LIEST DU DIE SCHNITTMUSTER RICHTIG

Auf den ersten Blick mag das Liniengewirr auf den Schnittmusterbogen verwirrend erscheinen, aber keine Angst, es ist gar nicht schwer, herauszufinden, welche Linien du für dein Wunsch-T-Shirt abpausen musst. Hier findest du eine Übersicht der Linienverläufe und Markierungen.

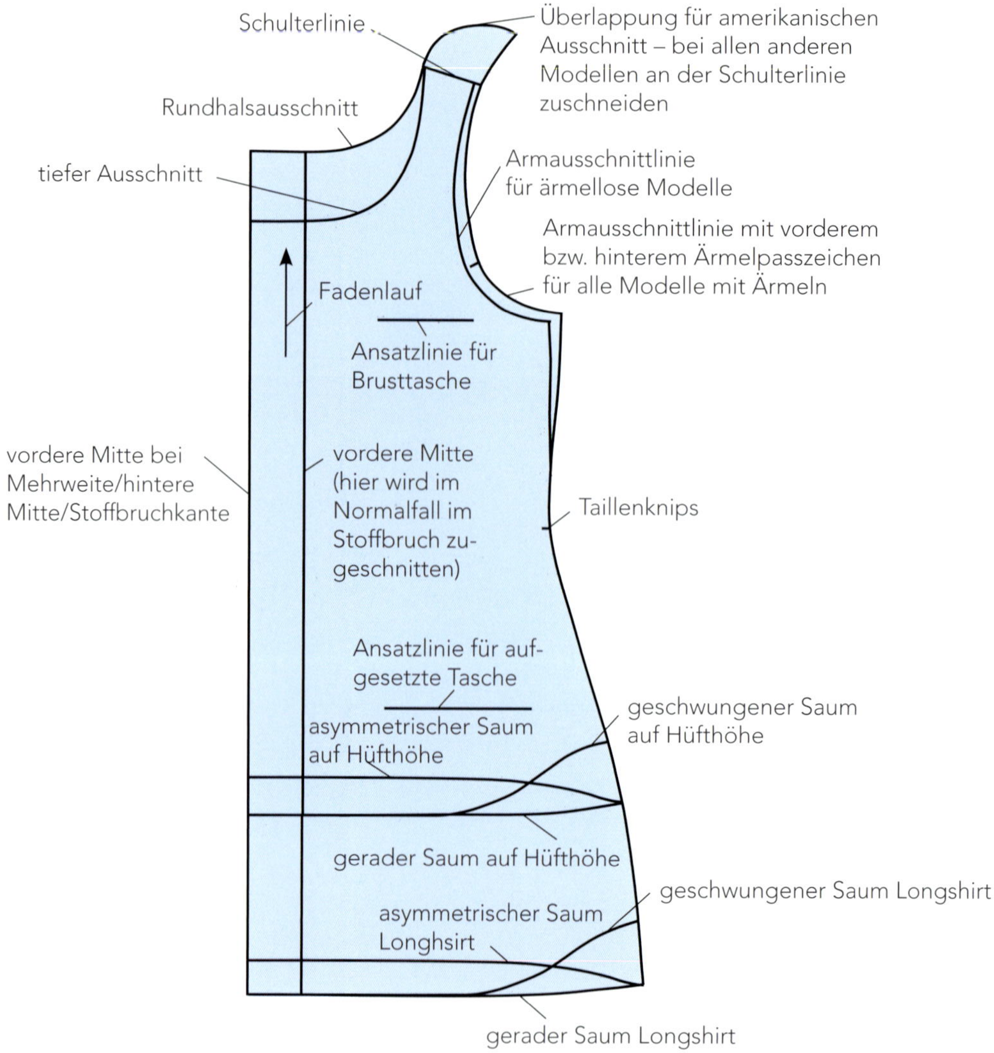

1. Suche anhand der Liste ganz vorn im Buch das passende Schnittteil für Vorder- und Rückteil aus.

2. Bestimme die richtige Größe.

3. Jetzt kannst du dich für die Länge des T-Shirts, eine Saumform und die Form des Halsausschnitts entscheiden. Pause nur die entsprechenden Linien ab, (siehe S. 26), nicht alle. Übertrage alle benötigten Markierungen (Taillenknipse, Position der Taschen, Ärmelpasszeichen, vordere und hintere Mitte).

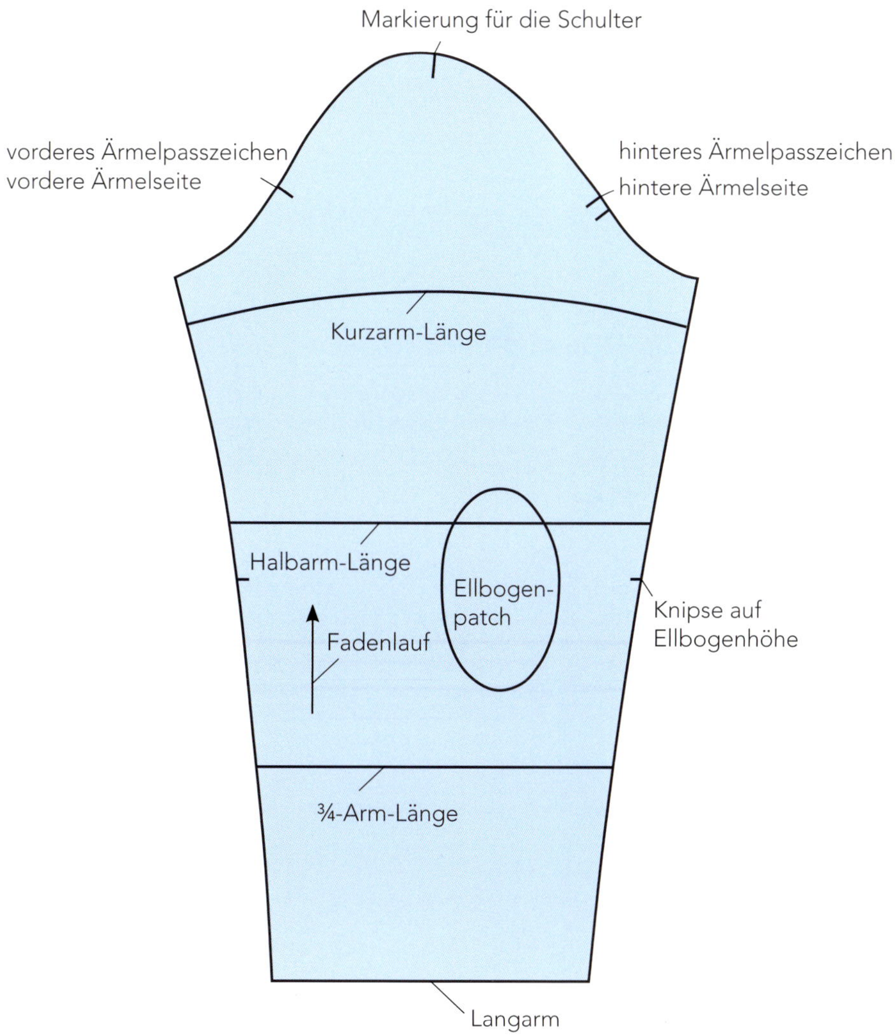

4. Pause ein Ärmelschnittteil in der passenden Größe und in der gewünschten Länge ab, übertrage wieder alle Markierungen.

5. Eventuell brauchst du jetzt noch eine Tasche, einen Beleg oder ein Kragenschnittteil.

Wenn du alle Schnittteile zusammen hast, geht es ans Zuschneiden – dazu erfährst du mehr ab Seite 26.

VORBEREITEN UND ZUSCHNEIDEN

Bevor es losgeht, sind noch ein paar Vorbereitungen zu treffen. Wenn du hier sauber arbeitest, geht das Nähen an der Maschine später besonders gut von der Hand.

WASCHEN

Wasche und bügle deine Stoffe vor dem Zuschneiden. Viele Stoffe laufen beim ersten Waschen noch ein – das sollte unbedingt vor dem Verarbeiten passieren, damit sich nachher nichts mehr verändert und dein T-Shirt womöglich zu klein wird oder sich verzieht.

SCHNITTMUSTER ABPAUSEN

Damit du die auf den beiliegenden Schnittmusterbogen abgebildeten Schnittteile mehrmals und in verschiedenen Größen verwenden kannst, pause diese ab. Das gelingt mit transparentem Papier aus dem Fachhandel, aber auch mit Butterbrotpapier oder Seidenpapier. Viele Näherinnen verwenden auch durchsichtige Plastikplanen aus dem Baumarkt. Wichtig: Die Schnittmuster in diesem Buch sind alle ohne Naht- und Saumzugaben gezeichnet. Du musst sie also hinzufügen. Bevor du das Schnittteil ausschneidest, führst du nötige Größenanpassungen durch. Zeichne auch alle Markierungen im Schnittmuster auf dem Schnittteil ein.

So gehst du beim Abpausen vor:

1. Suche anhand der Liste ganz vorn im Buch das passende Schnittteil für Vorder- und Rückteil aus.
2. Bestimme die richtige Größe.
3. Jetzt kannst du dich für die Länge des T-Shirts, eine Saumform und die Form des Halsausschnitts entscheiden – du musst jeweils nur die entsprechenden Linien abpausen, nicht alle. Übertrage auch alle benötigten Markierungen (Taillenknipse, Position der Taschen, vordere und hintere Mitte).
4. Pause ein Ärmelschnittteil in der passenden Größe und in der gewünschten Länge ab, übertrage wieder alle Markierungen.
5. Eventuell brauchst du jetzt noch eine Tasche, einen Beleg oder ein Kragenschnittteil.

Wenn du alle Schnittteile zusammen hast, geht es ans Zuschneiden – dazu erfährst du mehr ab Seite 28.

NAHT- UND SAUMZUGABEN

Nahtzugaben

Werden zwei Stoffstücke aneinandergenäht, liegt die Naht nicht direkt an der Außenkante. Den Abstand zwischen Außenkante und eigentlicher Nahtlinie nennt man Nahtzugabe.

Bevor du die Schnittteile für dein T-Shirt ausschneidest, musst du den Papierschnittteilen also Nahtzugaben hinzufügen – zeichne diese auf dem Stoff an und schneide dann entlang dieser Linien aus.
Bei T-Shirts brauchst du Nahtzugaben an den Schulterlinien, den Armausschnitten und den Seitenlinien des Vorder- und Rückteils sowie an der Ärmelkugel und den Seitenlinien der Ärmel; auch Belege, Kragen und Taschen werden mit Nahtzugaben zugeschnitten.
Am Halsausschnitt brauchst du – es sei denn, du möchtest Belege oder einen Kragen annähen – keine Nahtzugaben hinzuzufügen.
Die Breite der Nahtzugabe kannst du nach persönlichen Vorlieben wählen – für T-Shirts empfehle ich eine Nahtzugabenbreite von 0,7–1 cm.

Beim Nähen muss die Breite der Nahtzugabe eingehalten werden, d. h., es sollte immer in gleichmäßigem Abstand zur Außenkante des Stoffs genäht werden. AnfängerInnen könnten es hilfreich finden, sich die Nahtlinien vor dem Nähen anzuzeichnen und dann entlang dieser Linien zu nähen. Wenn deine Nahtzugabe so breit ist wie die Overlocknaht oder das halbe Nähmaschinenfüßchen der Haushaltsnähmaschine (das sind meist 0,7 bis 0,8 cm), kannst du beim Nähen den rechten Füßchenrand genau an der Außenkante des Stoffs entlangführen – man nennt das „füßchenbreit" nähen. Nach dem Zusammennähen verschwinden die Nahtzugaben im Inneren des Kleidungsstücks.

Saumzugaben

Saumzugaben werden an den unteren Kanten des T-Shirts hinzugefügt, also am unteren Ende von Vorder- und Rückteil sowie an den Unterkanten der Ärmel. Ich verwende bei geraden Säumen sehr gern eine Saumzugabe von 3 cm – hiermit kann man gut einen einfachen Umschlagsaum oder einen Einschlag-Umschlag-Saum arbeiten. Je nach persönlichen Vorlieben kannst du die Saumzugabe aber auch breiter zuschneiden.

Gerundete Säume lassen sich leichter umnähen, wenn du eine schmalere Saumzugabe – z. B. 1,5 cm – verwendest. Willst du an den Saum deines T-Shirts ein Bündchen nähen, brauchst du keine breite Saumzugabe zu machen, sondern nur eine Nahtzugabe hinzuzufügen. Das Bündchen fügt dem Shirt Länge hinzu; wenn du die gleiche Länge wie im Schnittmuster haben willst, kürze das Schnittmuster entsprechend der Höhe des angenähten Bündchens, bevor du die Saumzugabe hinzufügst. Offene Säume oder mit Einfassstreifen versäuberte Säume (vgl. S. 40) brauchen keine Saumzugabe.

> **Tipp**
>
> Wenn du dir beim Zuschneiden noch nicht sicher bist, welche Länge dein fertiges T-Shirt haben soll, kannst du erst einmal recht großzügig mit der Saumzugabe sein. Nach einer ersten Anprobe kannst du diese dann problemlos einkürzen.

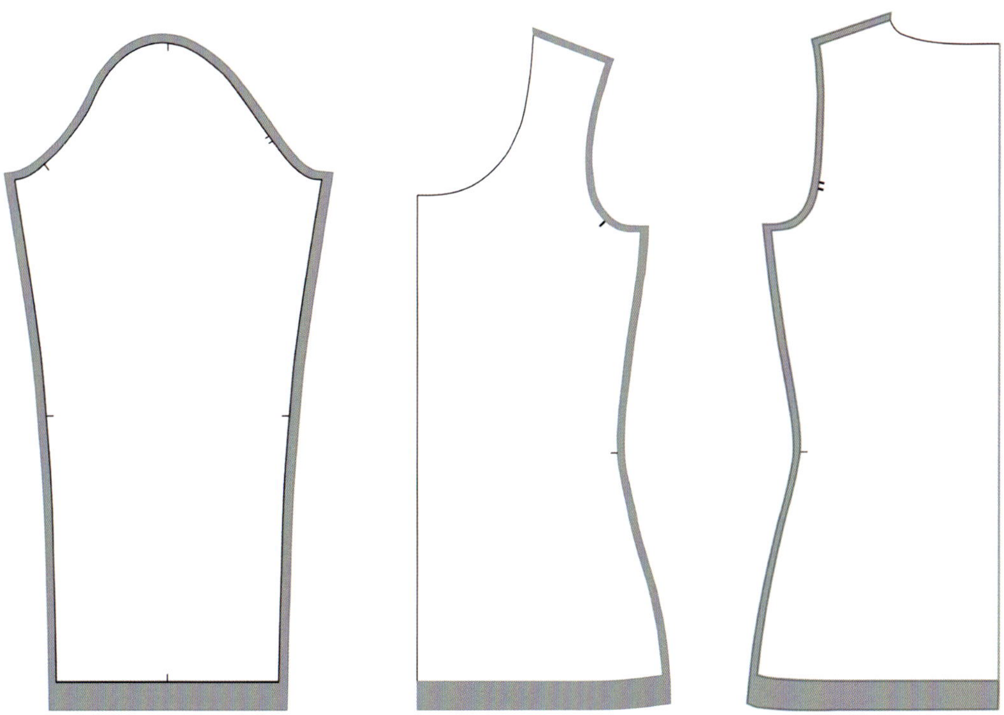

ZUSCHNEIDEN

Schnittmusterteile auflegen

Um den Schnitt auf den Stoff zu übertragen, kannst du die Papierschnittteile vorsichtig mit feinen Stecknadeln aufstecken oder sie mit Gewichten beschweren, damit nichts mehr verrutschen kann.

Im Stoffbruch zuschneiden

Schnittteile, die im sogenannten Stoffbruch zugeschnitten werden, legst du mit der Bruchkante (bei T-Shirts die vordere oder die hintere Mitte) an die Stoffbruchkante an. Das ist der Falz, der entsteht, wenn du deinen Stoff – entlang des Fadenlaufs – rechts auf rechts zusammenlegst. Das Schnittteil muss direkt an der Stoffbruchkante anstoßen, hier wird also keine Nahtzugabe hinzugefügt.
Wird im Stoffbruch zugeschnitten, wird durch beide Stofflagen gleichzeitig geschnitten – nach dem Aufklappen des Stoffs erhältst du ein zusammenhängendes, an der Bruchkante symmetrisch gespiegeltes Schnittteil.

Wichtiger Hinweis:
Beachte bei den Schnittteilen 1, 18 und 19, dass hier zwei verschiedene Stoffbruchkanten angezeichnet sind. Nur für T-Shirts mit eingekräuselter Mehrweite musst du die äußere Linie an den Stoffbruch legen. Für alle anderen T-Shirts ohne Mehrweite benutze die innen liegende Stoffbruchkante – du kannst das Schnittteil einfach an dieser Linie umfalten.

Bei Schnittteil 3 – dem Vorderteil mit V-Ausschnitt – achte darauf, beim Zuschneiden die als vordere Mitte gekennzeichnete Mittellinie an den Stoffbruch zu legen. Nur für ein T-Shirt mit „Wickeleffekt" wird Schnittteil 3 als Ganzes gegengleich zugeschnitten, um zwei einander überlappende Schnittteile zu erhalten.

Gegengleich zuschneiden

Spiegelverkehrte Schnittteile – bei T-Shirts z. B. die Ärmel – werden in doppelter Stofflage gegengleich zugeschnitten. Das Schnittmusterteil wird hier nicht an die Stoffbruchkante angelegt, sondern ringsherum mit Nahtzugaben zugeschnitten. Es entstehen zwei Schnittteile.

Fadenlauf beachten

Achte unbedingt darauf, die Papierschnittteile so auf dem Stoff aufzulegen, dass der eingezeichnete Fadenlauf mit dem Faden- bzw. Maschenlauf des Stoffs übereinstimmt. Das ist wichtig, damit dein T-Shirt später in die richtige Richtung dehnbar ist.
Bei Maschenware verläuft der Fadenlauf senkrecht zur Maschenreihe, also von oben nach unten. Ziehst du den Jersey in der Breite auseinander, kannst du die von oben nach unten verlaufenden feinen Rippen erkennen – diese verlaufen entlang des Fadenlaufs. Quer zum Fadenlauf lässt sich Jersey am meisten dehnen – das fertige T-Shirt soll ja auch in der Breite dehnbar sein.

Muster beachten

Bei gemusterten Stoffen achte außerdem darauf, dass du die Schnittteile so auf dem Stoff platzierst, dass sich ein vorteilhafter Musterverlauf ergibt, also ein Motiv z. B. in der Mitte des Schnittteils liegt. Die Mitte des Motivs oder Musters sollte bei Vorder- und Rückteil mit der Stoffbruchkante zusammentreffen.
Kopfmuster sind Motive, die immer nach oben zeigen müssen. Achte also darauf, den Stoff richtig herum zuzuschneiden. Andernfalls stehen die Motive später auf dem Kopf.
Wenn du ein Streifen-T-Shirt nähen möchtest, achte schon beim Zuschnitt darauf, dass die Streifen an den Seitennähten aufeinandertreffen.

Falte also für das Übertragen der Schnittmuster den Stoff in den Bruch und überprüfe, ob an der Seitenkante die Streifen (oder ein anderes regelmäßiges Muster) genau übereinanderliegen. Achte darauf, dass der Achselpunkt des Vorderteils genau an einem der Streifen beginnt. Schneide zuerst das Vorderteil zu und lege es beim Zuschneiden des Rückteils daneben. So kannst du sicherstellen, dass der Achselpunkt an der gleichen Stelle im Streifenmuster liegt. Vergleiche die Streifen-/Musterposition auch an den Hüft- und Taillenknipsen und am Saum des Shirts.
Beim Zuschnitt der Ärmel achte darauf, dass die Ärmelpasszeichen auf der gleichen Stelle am Streifen wie die Passzeichen des Vorder- und Rückteils liegen. Durch die unterschiedlichen Rundungen des Armausschnitts und des Ärmels werden die Streifen nicht durchgehend zu 100% übereinanderliegen.
Um mit Mustern zu spielen, kann man sie auch gut im schrägen Fadenlauf zuschneiden. Dafür wird die Stoffbruchkante im 45°-Winkel gelegt. So kann man z. B. ein gestreiftes T-Shirt vorn statt im Stoffbruch aus zwei gegengleich zugeschnittenen Vorderteilen zuschneiden, die dann, wieder zusammengenäht, ein interessantes „V"-Muster ergeben.

Rechte/linke Stoffseite

Bei den meisten Stoffen lässt sich leicht zwischen der (zum Beispiel bedruckten) Vorderseite und der Rückseite unterscheiden. Erstere wird als rechte, Letztere als linke Stoffseite bezeichnet. Stoffe „rechts auf rechts" oder „links auf links" zusammenzulegen heißt also, sie so aufeinanderzulegen, dass je zwei Vorderseiten bzw. zwei Rückseiten aufeinandertreffen.

Markierungen übertragen

Um Markierungen vom Papierschnitt auf den Stoff zu übertragen – z. B. die Position der Brusttasche –, kannst du mit einer Stecknadel durch die Eckpunkte der Markierung stechen. Dort, wo die Nadel wieder herauskommt, kannst du dir auf der linken Stoffseite, z. B. mit Trickmarker, eine Markierung aufzeichnen.
Innerhalb der Nahtzugaben kannst du Passformmarkierungen auch mit kleinen Einschnitten (Knipsen) kennzeichnen.

EINLAGEN AUFBÜGELN

Wenn auf Schnittteile – z. B. Ausschnittbelege – Einlage aufgebügelt werden soll, erleichtert es das Zuschneiden, zuerst ein Stück Stoff mit Einlage zu verstärken und dann das jeweilige Schnittteil auszuschneiden.

STOFFVERBRAUCH

Die angegebenen Stoffmengen beziehen sich auf Jerseys mit einer Breite von 150 cm. Sollte dein Stoff schmaler oder breiter sein, kann die benötigte Menge variieren. Auch wenn du beim Zuschneiden auf einen speziellen Musterverlauf achten musst, brauchst du eventuell etwas mehr Stoff.
Bei vielen Modellen findest du Mengenangaben wie z. B. 150–180 cm. Hier variiert der Verbrauch je nach ausgewählter Größe des Schnitts. Bei den kleineren Größen passen die Teile meist nebeneinander auf die 150 cm breite Stoffbahn, während sie in den größeren Größen untereinander gelegt werden müssen.
Wenn du unsicher bist, wie viel Stoff du kaufen sollst, ist es am leichtesten, zuerst die Schnittmusterteile in deiner Größe abzupausen und nach Bedarf anzupassen und dann den Stoffbedarf zu ermitteln. Markiere dir dafür z. B. am Fußboden eine Fläche, die der Breite deines Wunschstoffs entspricht, und lege die vorbereiteten Schnittteile auf; vergiss nicht, auch Naht- und Saumzugaben mit einzurechnen. So erkennst du gut, wie sich die Schnittteile am platzsparendsten anordnen lassen, und du kannst die benötigte Stoffmenge abmessen.

Die wichtigsten Techniken

WELCHER ABSCHLUSS PASST WO?

Werde kreativ: Statt der bei den Modellen vorgeschlagenen Säume und Bündchen kannst du immer auch andere Abschlussformen verwenden. Hier ein Überblick, welche Abschlussform sich für welche Stelle des T-Shirts eignet:

Halsausschnitt

- Bündchen (Halsbündchen), S. 32
- Halsbündchen, Ansatznaht mit Beleg verdeckt, S. 34
- Halsbündchen, Ansatznaht mit Jerseystreifen verdeckt, S. 35
- Bündchen am V-Ausschnitt, S. 36
- Beleg, S. 42
- Rollbündchen, S. 38
- Einfassen mit Jerseystreifen, S. 40

Ärmelsaum

- Bündchen (Ärmelbündchen), S. 33
- Rollbündchen, S. 38
- Einfassen mit Jerseystreifen, S. 40
- Umschlagsaum, S. 43
- Einschlag-Umschlag-Saum, S. 44

Hüftsaum

- Bündchen (Hüftbündchen), S. 33
- Rollbündchen, S. 38
- Einfassen mit Jerseystreifen, S. 40
- Umschlagsaum, S. 43
- Einschlag-Umschlag-Saum, S. 44
- Rollsaum, S. 45

ZUSAMMENSETZEN EINES T-SHIRTS

Tipp

Bereite die einzelnen Schnittteile vor dem Zusammennähen vor. Wenn du z. B. eine Brusttasche aufnähen oder eine Applikation anbringen möchtest, ist es meist leichter, das vor dem Zusammennähen zu tun. Entscheidest du dich erst später für ein solches Detail, kannst du es aber auch nachträglich anbringen.

Die meisten T-Shirts werden nach demselben Prinzip und mit den nachfolgenden Arbeitsschritten zusammengenäht.

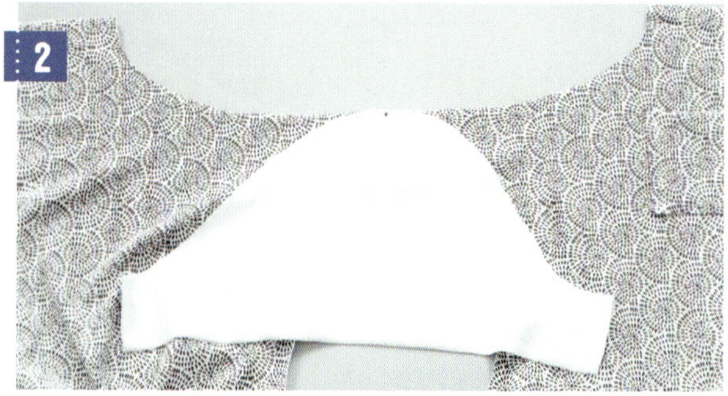

Tipp

Du hast dich vernäht und musst auftrennen? Zum Auftrennen einer Overlocknaht gibt es einen einfachen Trick: Schneide an der versäuberten Kante ganz schmal die Fäden weg, die die Schnittkante einfassen. Dann ziehe vorsichtig die Nahtfäden heraus, und die Naht löst sich.

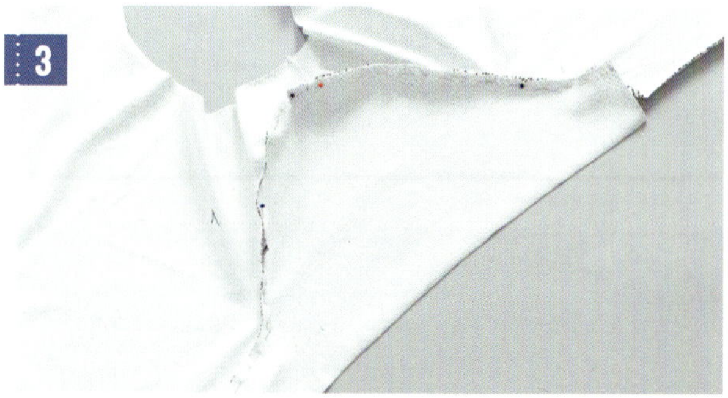

1. Lege das Vorderteil rechts auf rechts auf das Rückteil. Stecke und nähe die beiden Schnittteile an den Schultern zusammen. Die Nahtzugaben bügle zum Rückteil hin. Wenn du ein ärmelloses T-Shirt nähst, mache direkt mit Schritt 4 weiter, sonst mit Schritt 2.
2. Klappe die zusammengenähten Schnittteile auseinander, die rechte Stoffseite liegt oben. Stecke das Ärmelschnittteil rechts auf rechts an den Armausschnitt, zunächst die Ärmelmitte auf die Schulternaht, dann die Ärmelpasszeichen aufeinander, dann den Rest. Wenn du ein T-Shirt mit Puffärmeln nähst, musst du diese vorher an der Ärmelrundung so weit einkräuseln, dass sie in die Armausschnitte hineinpassen. (Zum Nähen des Puffärmels siehe Modell CARACAS.)
3. Wenn alles gut festgesteckt ist, nähst du den Ärmel an, die Nahtzugabe bügelst du zu Vorder- und Rückteil hin. Auf der anderen Seite wird der zweite Ärmel auf dieselbe Weise angenäht.
4. Stecke nun dein T-Shirt so zusammen, dass Vorder- und Rückteil rechts auf rechts liegen. Schließe die Seitennähte und die Ärmelnähte links und rechts jeweils mit einer durchgehenden Naht.

Und schon ist das T-Shirt in seiner Grundform fertig! Du kannst schon mal zur Anprobe hineinschlüpfen – dann geht es an die die Verarbeitung von Halsausschnitt und Säumen. Die verschiedenen Verarbeitungsmethoden werden auf den folgenden Seiten genau beschrieben.

BÜNDCHEN

Bündchen sitzen am Halsausschnitt, an den Ärmelabschlüssen oder an der Hüfte. Für Bündchen eignet sich Bündchenstoff oder nicht zu dünner Jersey.

Um die passende Länge zu ermitteln, miss den Ausschnitt, Ärmel- oder Hüftsaum deines T-Shirts, den du mit dem Bündchen versäubern willst, aus und multipliziere die Länge mit 0,7 (bei weichen, sehr elastischen Bündchen) bis 0,85 (bei festem Bündchenstoff und Jersey), denn Bündchen werden immer gedehnt angenäht. Um sicherzugehen, kannst du den Streifen vor dem Annähen probehalber am Ausschnitt feststecken. Füge dann Nahtzugaben hinzu und schneide das Bündchen in dieser Länge und 3,5–4,5 cm Höhe zu.

Wie das Bündchen angenäht wird, ist im Folgenden am Beispiel eines Halsbündchens erklärt. Bei Ärmel- und Saumbündchen funktioniert es genauso – nur werden bei diesen die Ansatznähte nicht abgedeckt. Dafür gibt es bei Ärmel- und Saumbündchen noch kleine Tricks beim Zuschneiden, die auf Seite 33 beschrieben sind.

BÜNDCHEN AM HALSAUSSCHNITT

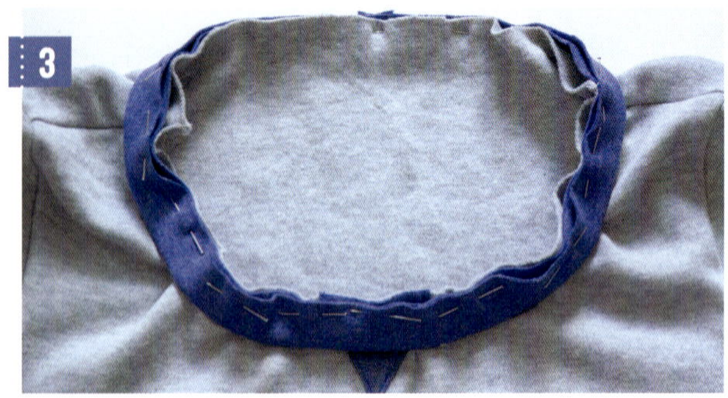

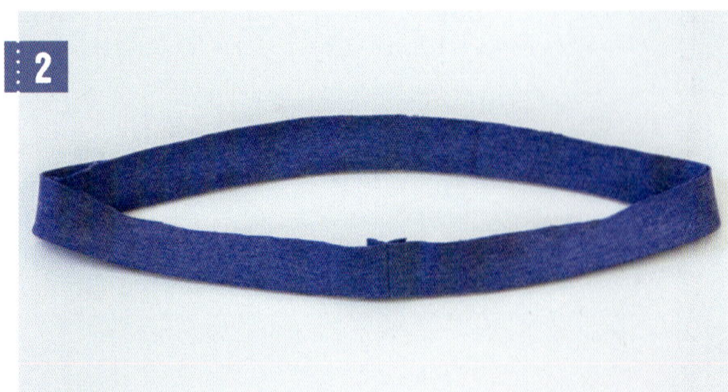

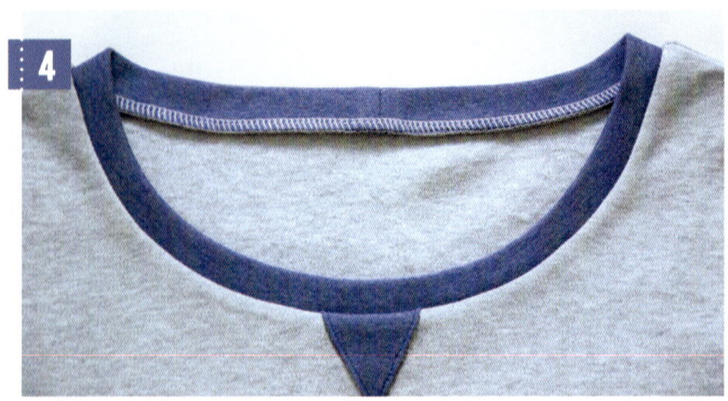

1. Lege den Streifen rechts auf rechts und schließe die kurze Seite mit einer elastischen Naht. Wählt man den Zickzackstich, kann man die Nahtzugaben auseinanderbügeln und das Bündchen wird flacher.
2. Klappe das Bündchen so um, dass die Naht im Inneren verschwindet und die offenen Seiten nach oben zeigen.
3. Das Halsbündchen rechts auf rechts feststecken. Fixiere zuerst die Bündchennaht über der hinteren Mitte am T-Shirt-Rückteil, dann stecke das restliche Bündchen gleichmäßig gedehnt rundherum fest.
4. Beim Annähen wird das Bündchen gleichmäßig gedehnt. Klappe und bügle das Bündchen dann nach oben. Eventuell die Nahtzugabe rundherum mit elastischem Stich festnähen.

HÜFTBÜNDCHEN

Du kannst die Unterkante des T-Shirts gut mit einem Bündchen abschließen. Dieses zieht das T-Shirt unten etwas zusammen, da es gedehnt angenäht wird. Hüftbündchen sind meist höher als Halsbündchen – je nach Wunsch z. B. 4–6 cm hoch. Dadurch wird das T-Shirt etwas länger, als im Schnittmuster vorgesehen. Bei sehr hohen Bündchen kürze das T-Shirt vorher um die Länge des fertigen Bündchens, damit die Gesamtlänge wieder stimmt. Füge dann noch Nahtzugaben, aber keine Saumzugaben hinzu.

Ein Hüftbündchen nähst du im Prinzip mit der gleichen Methode an wie ein Halsbündchen. Dabei beachte folgende Besonderheiten:

- Du kannst das Hüftbündchen als einen durchgehenden Streifen zuschneiden, der mit nur einer Naht zum Ring geschlossen wird. Alternativ (z. B. wenn dein Stoff dafür nicht breit genug ist) kannst du das Bündchen auch aus zwei Teilen zuschneiden, die dann jeweils an den Seiten zusammengenäht werden.
- Schneide den oder die Bündchenstreifen in der doppelten Höhe der gewünschten fertigen Höhe aus Bündchenware oder dem Jersey deines T-Shirts zu. Für die Länge des Bündchens miss die Strecke des Saums ab und multipliziere das Maß mit 0,85–0,9. Vergiss nicht die seitlichen Nahtzugaben.
- Wenn dein Bündchen aus einem Streifen zugeschnitten ist, sollte die Naht, mit der du es zum Ring geschlossen hast, beim T-Shirt in der hinteren Mitte liegen. Bei einem aus zwei Streifen zusammengenähten Bündchen treffen die Bündchennähte auf die Seitennähte des Shirts.

ÄRMELBÜNDCHEN

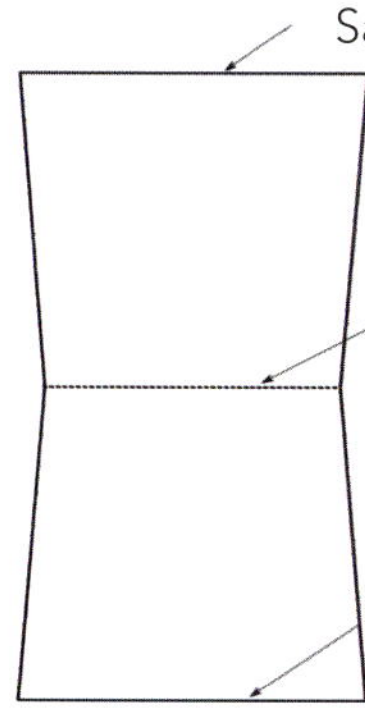

Ärmelbündchen werden im Prinzip mit der gleichen Methode angenäht wie Halsbündchen. Beachte aber ein paar Besonderheiten.

- Auf dem Schnittmusterbogen findest du mittelhohe Ärmelbündchen für die Abschlüsse an den ¾-Ärmeln und an langen Ärmeln. Wenn du diese verwendest, kürze die Ärmelschnittteile vor dem Zuschneiden um die halbe Höhe der Bündchenschnittteile: Willst du also ¾-Ärmel mit Bündchen nähen, kürze das Ärmelschnittteil 5 cm oberhalb der am Schnittmuster eingezeichneten Ärmellinie für ¾-lange Ärmel.
- Die Bündchenhöhe kannst du aber auch nach deinen Wünschen anpassen. Kürze das Schnittteil für den Ärmel dann um das Maß der gewünschten Bündchenhöhe. An kurzen Ärmeln machen sich kürzere Bündchen mit einer Höhe von 1–2 cm gut.
- Um die Maße für das Bündchen zu ermitteln, miss die Länge der so entstandenen Saumkante am Ärmel ab. Dieses Maß x 0,85–0,9 (+ Nahtzugaben) ergibt die Länge deines Bündchens. Die Höhe entspricht der doppelten gewünschten Höhe des fertigen Bündchens (+ Nahtzugaben).
- Du kannst die Ärmelbündchen an den Seitenkanten noch etwas zur Mittellinie hin abschrägen. Die Bündchen sind also in der Mitte am schmalsten, an den Enden etwas breiter. So werden die fertig genähten Bündchen nach unten hin etwas schmaler, was vor allem bei sehr langen Ärmelbündchen schön ist. Sieh dir dazu die Bündchen auf dem Schnittmusterbogen einmal an.

Achtung: Die ausgestellten Ärmel müssen an den Saumkanten erst gerafft werden, bevor du ein Bündchen annähen kannst.

Ansatznaht des Halsbündchens mit Beleg verdecken

1

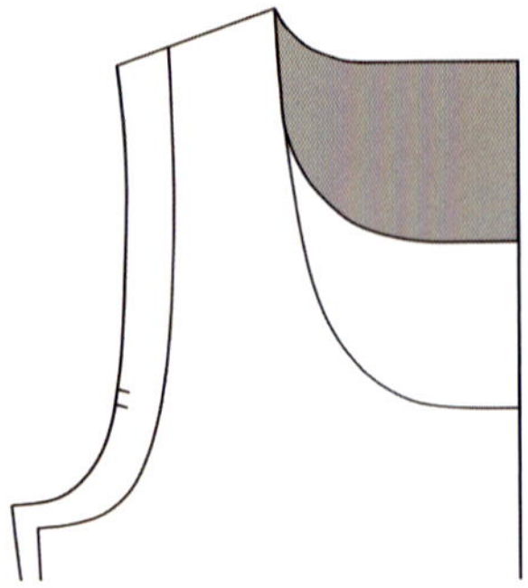

2

3

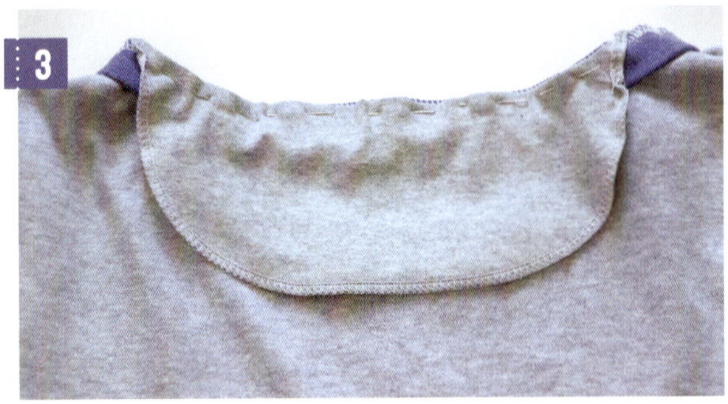

4

5

Tipp Du kannst auch den ganzen Halsausschnitt statt eines Bündchens mit einem Beleg versäubern – wie das geht, steht auf Seite 42.

1. Schneide einen Beleg für den hinteren Halsausschnitt zu. Der Beleg reicht von Schulternaht zu Schulternaht und ist im unteren Bereich abgerundet. Dabei kannst du dich an der Ausschnittlinie für den tiefen Rückenausschnitt orientieren. Hier ist der Beleg aber etwas weniger hoch zugeschnitten.
2. Versäubere den Beleg an der Unterkante mit der Overlockmaschine. Die versäuberten Kanten kannst du zur linken Stoffseite hin umbügeln.
3. Stecke den Beleg ungedehnt über dem Rückteil an das bereits angenähte, aber nicht umgeklappte Halsbündchen. Die rechte Stoffseite des Belegs zeigt zum T-Shirt hin. Die versäuberten Nahtzugaben des Belegs kannst du zur linken Stoffseite hin einschlagen. Nähe den Beleg am Bündchen fest.
4. Klappe nun das Bündchen und den Beleg um. Bügle den Beleg nach unten. Die versäuberten Nahtzugaben kannst du einschlagen, dann nähe die Unterkante des Belegs am Rückteil des T-Shirts fest.
5. Fertig – mit nur wenig Mehraufwand hast du deinem T-Shirt ein schönes Extra verliehen.

Ansatznaht des Halsbündchens mit Jerseystreifen verdecken

Diese Versäuberungsmethode funktioniert ähnlich wie das eben erklärte Annähen des Belegs.

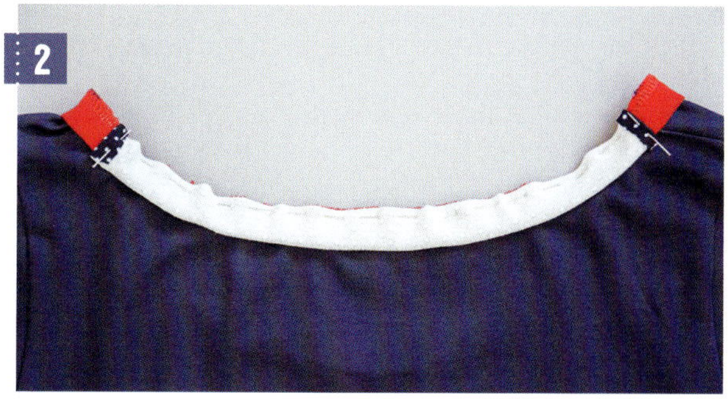

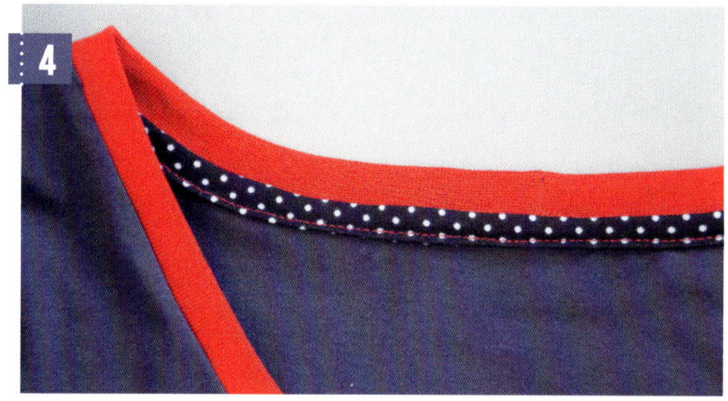

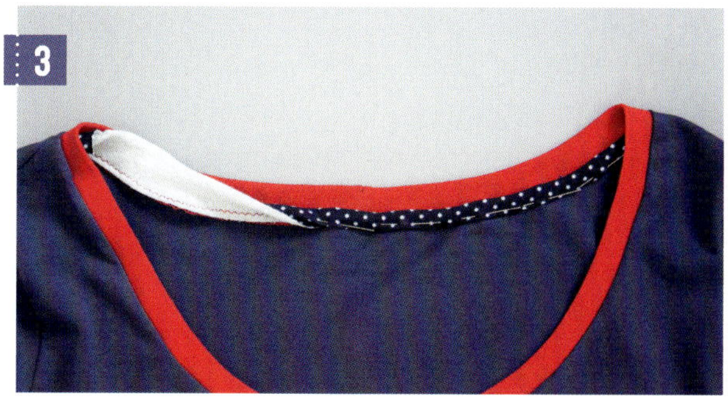

> **Tipp**
>
> Wenn du möchtest, kannst du beim Festnähen des eingeschlagenen Versäuberungsstreifens – oder auch bei einem einfachen Halsbündchen – noch ein hübsches Label, ein Größenetikett o. Ä. mitfassen.

1. Schneide statt des Belegs einen 2–2,5 cm hohen Jerseystreifen zu. Seine Länge entspricht der Breite des hinteren Halsausschnitts plus ca. 1 cm.
2. Der Jerseystreifen wird über dem Rückteil, zwischen den Schulternähten, an das bereits angenähte, aber nicht umgeklappte Halsbündchen genäht, und zwar in der Nahtlinie des Bündchens. Du kannst ihn auch gleichzeitig mit dem Bündchen annähen, leichter ist es aber, wenn du die Schritte einzeln arbeitest. Für einen sauberen seitlichen Abschluss schlage die Enden des Jerseystreifens an den Rändern 0,5 cm breit zur linken Stoffseite ein.
3. Klappe jetzt das Bündchen und den angenähten Streifen nach oben. Schlage dann die freie Kante des Jerseystreifens schmal zur linken Seite hin um. Falte den ganzen Jerseystreifen so nach innen ein, dass er an der Bündchennaht anstößt, und stecke ihn fest.
4. Nähe den Jerseystreifen mit einem schmal eingestellten Zickzackstich oder mit Geradstich fest – die Bündchenansatznaht wird dabei verdeckt.

BÜNDCHEN AM V-AUSSCHNITT

Du brauchst einen 3,5–4,5 cm hohen Stoffstreifen aus Bündchenware oder Jersey. Um die Länge des Streifens zu ermitteln, miss den Halsausschnitt am T-Shirt aus und multipliziere dieses Maß mit 0,8. (Auch hier gilt, wie beim runden Halsbündchen: Die Länge des Streifens kann je nach Elastizität deines Stoffs variieren.) Füge in der Länge Nahtzugaben hinzu.

1. Falte den Bündchenstreifen in der Höhe links auf links zusammen und bügle ihn. Die Enden schräge im Winkel von 45° ab. Wenn du den Streifen aufklappst, wird ein nach innen gerichteter, zackenförmiger Einschnitt sichtbar. Lass den Streifen aufgeklappt, um den nächsten Schritt zu arbeiten.
2. Die Enden des Bündchenstreifens nähe rechts auf rechts entlang der zackenförmigen Einschnitte zusammen. Verwende dafür einen Geradstich oder schmal eingestellten Zickzackstich. Bügle die Nahtzugaben auseinander.
3. Falte den Streifen nun in der Höhe links auf links zusammen, die Nahtzugaben liegen übereinander. Die Spitze des Vs formt sich aus. Die überstehenden Nahtzugaben kannst du abschneiden. Mache dir auf halber Länge des Bündchens, genau gegenüber der V-förmigen Spitze, eine Markierung am Bündchen.
4. Verstärke die Spitze des V-Ausschnitts am Vorderteil des T-Shirts auf der linken Seite mit einem kleinen Stück Einlage. Schneide die Spitze ganz vorsichtig und nicht weiter als 5 mm ein.

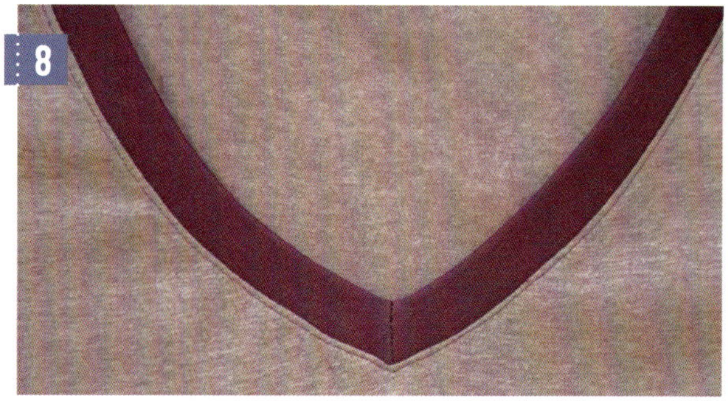

5. Jetzt wird das Bündchen rechts auf rechts an den Ausschnitt gesteckt. Beginne dabei an der Spitze des V-Ausschnitts. Du kannst das Vorderteil an der eingeschnittenen Stelle ganz vorsichtig auseinanderziehen, um die Spitze des Bündchens besser anstecken zu können. Damit nichts verrutscht, fixiere das Bündchen links und rechts der Spitze mit einer jeweils 1–2 cm langen, parallel zur Bündchenkante verlaufenden Naht am Vorderteil. Nähe sie mit der Haushaltsnähmaschine und verwende den Geradstich oder einen sehr schmal eingestellten Zickzackstich.
6. Überprüfe, ob die Spitze des Bündchens schön in der Spitze des Ausschnitts liegt. Wenn alles passt, kannst du nun das Bündchen auch rund um den restlichen Ausschnitt feststecken. Stecke dabei die Markierung am Bündchen über der hinteren Mitte des T-Shirt-Rückteils fest. Dehne das Bündchen gleichmäßig zwischen dieser Markierung und der Spitze des Vs.
7. Beim Annähen des Bündchens (mit der Overlockmaschine) beginne an der Spitze des Vs. Nähe von dort rundherum, bis du von der anderen Seite wieder an der Spitze ankommst.
8. Bügle die Nahtzugaben vom Ausschnitt weg. Du kannst sie rundherum schmalkantig absteppen.

ROLLBÜNDCHEN

Bei dieser Art von Saumabschluss rollen sich zwei unversäuberte Jerseystreifen dekorativ ein. Das klappt am besten bei Baumwolljerseys mit Elasthananteil, nicht aber bei Interlockstoffen. Ziehe zur Probe an einem Streifen des gewünschten Stoffs und lasse ihn wieder los – wenn sich der Stoff wieder zusammenzieht und an den Rändern einrollt, wird er sich gut für Rollbündchen eignen. Oft verstärkt sich der Effekt noch nach dem Waschen des T-Shirts.

1

3

2

4

1. Schneide einen Jerseystreifen in 2 cm Höhe zu und einen weiteren in 3 cm Höhe. Die Länge wird wie folgt berechnet: Umfang deines Saums x 0,9 plus Nahtzugabe. Schließe die Streifen jeweils an den kurzen Enden zum Ring.
2. Stecke erst den 2 cm hohen Streifen kantenbündig rechts auf rechts auf deinen Saum, hier ist es ein Ärmelsaum. Die Naht liegt über einer der Seitennähte. Den Jerseystreifen musst du ein wenig dehnen. Eventuell kannst du ihn mit einer Heftnaht fixieren.
3. Stecke nun den 3 cm hohen Streifen mit der rechten Stoffseite nach unten darauf, ebenfalls ein wenig gedehnt, und nähe die offene Kante (drei Stofflagen) mit der Overlockmaschine zusammen.
4. Schlage die Jerseystreifen nach oben und bügle die Nahtzugabe vom Bündchen weg. Du kannst sie auch von der rechten Seite absteppen. Durch Ziehen an den Jerseystreifen rollen sich die Kanten auf.

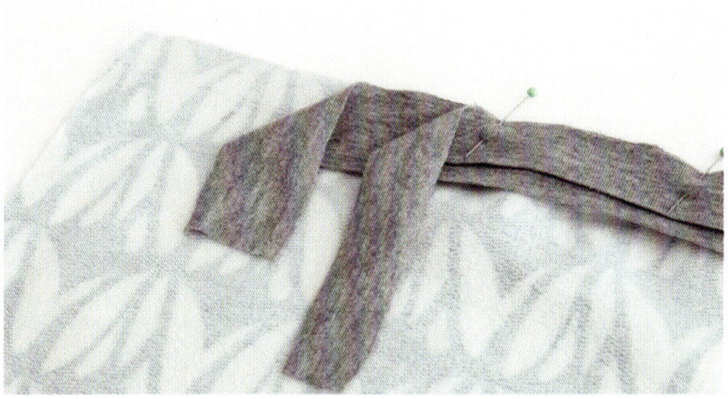

ALTERNATIV kannst du die Jerseystreifen bei Punkt 2 und 3 auch links auf links auf den Saum stecken. Wenn nötig, schließe sie vorher wieder zum Ring. Stecke hier dann erst den 3 cm hohen und dann den 2 cm hohen Streifen an.
Nähe die Streifen mit der Overlock fest und klappe die Nahtzugabe dann nach vorn. Jetzt nähst du die Overlocknaht von der rechten Stoffseite auf der Ausschnittkante fest. So hast du eine Coverlocknaht simuliert.

EINFASSEN MIT JERSEYSTREIFEN

Bündchen am Halsausschnitt verleihen Shirts einen sportlichen Look. Für ein eleganteres T-Shirt sind Einfassstreifen aus Jersey eine gute Alternative.

Dafür kannst du fertiges elastisches Jersey-Schrägband verwenden, das im gut sortierten Fachhandel erhältlich ist. Du kannst den Einfassstreifen aber auch ganz leicht selber herstellen: Schneide einen Jerseystreifen in 4 cm Höhe bzw. der vierfachen Breite der gewünschten fertigen Einfassung zu. Weil der Streifen leicht gedehnt angenäht wird, muss er etwas kürzer sein als der Umfang des Halsausschnitts. Um die Länge des Streifens zu erhalten, miss den Halsausschnitt aus und multipliziere dieses Maß, je nach Elastizität deines Jerseys, mit 0,8–0,9. Füge noch Nahtzugaben hinzu. Wenn du dir bezüglich der Länge deines Einfassstreifens unsicher bist, stecke den Streifen vor dem Annähen zur Probe rundherum leicht gedehnt fest.

1

2

3

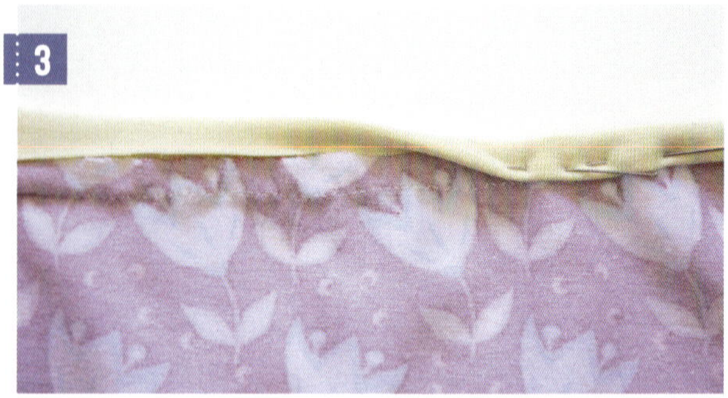

4

1. Nähe den Einfassstreifen an der kurzen Seite mit einem elastischen Stich zum Ring zusammen. Stecke den Ring rechts auf rechts zuerst mit der Naht über die hintere Mitte und dann gleichmäßig gedehnt rundherum am Halsausschnitt fest. Nähe den Streifen in 1 cm Entfernung (bzw. in ¼ der Breite des Einfassstreifens) zum Halsausschnitt rundherum fest. Dafür kannst du den Zickzackstich verwenden.
2. Falte den Einfassstreifen über den Halsausschnitt nach hinten zur linken Stoffseite. Wende dann deine Arbeit.
3. Jetzt schlägst du den Einfassstreifen nach innen ein, sodass die offene Kante an die Halsausschnittkante trifft. Die gefaltete Außenkante des Jerseystreifens liegt nun über der Naht, mit der er auf der rechten Stoffseite des T-Shirts befestigt ist.
4. Stecke den Einfassstreifen auf diese Weise rundherum fest und nähe ihn dann von der rechten Stoffseite her knappkantig fest. Dafür benutze wieder einen Zickzackstich mit kleiner Stichbreite oder einen elastischen Geradstich.

5. So sieht die Einfassung von der Rückseite aus – die Ausschnittkante ist überall sauber verdeckt.

Alternativ kannst du den Einfassstreifen nach Schritt 2 nicht einschlagen, sondern auf der linken Stoffseite 2 cm überstehen lassen. Nähe den Streifen von der rechten Seite fest und schneide danach auf der linken Stoffseite den überstehenden Stoff (ca. 1 cm) vorsichtig direkt neben der Naht ab. Bei dieser Methode wird die Einfassung, weil nur drei anstelle von vier Stofflagen aufeinandertreffen, weniger dick.

SÄUMEN MIT EINFASSSTREIFEN

Nicht nur den Halsausschnitt, auch den Saum oder die Ärmelabschlüsse eines T-Shirts kannst du mit einem Jerseystreifen oder Jerseyschrägband einfassen. Hier brauchst du beim Zuschneiden der Hauptschnittteile keine Saum- oder Nahtzugaben hinzuzufügen. Dehne den Einfassstreifen beim Annähen ein wenig und gehe so vor, wie in der Erklärung zum Einfassen des Halsausschnitts beschrieben.

BELEG

Ein Beleg am Halsausschnitt stellt ein schickes Detail dar, das wunderbar in Kontrastfarbe gearbeitet werden kann. Dezenter wirds, wenn der Beleg Ton in Ton oder aus dem Hauptstoff des Shirts zugeschnitten wird.

1. Pause den Halsausschnitt (bzw. den Ärmelsaum oder Saum) des Schnittmusters für Vorder- und Rückteil ab. Ziehe jeweils im Abstand von etwa 3 cm eine zum Ausschnitt gleichmäßig parallel verlaufende Linie. Füge seitlich und an der Oberkante (bzw. beim Saumbeleg seitlich und an der Unterkante) Nahtzugaben hinzu. Schneide die Belege aus nicht zu dickem Jersey zu – aus dem Hauptstoff oder in einem interessanten Kontrast – und verstärke sie mit Einlage (z. B. Vlieseline G 785).
2. Nähe die Belegteile an den Schultern zusammen. Bügle die Nahtzugabe nach vorn. Die Belegunterkante kannst du versäubern.
3. Danach steckst und nähst du den Beleg rechts auf rechts an den Halsausschnitt des T-Shirts. Achte dabei darauf, dass die Schulternähte des Belegs genau auf den Schulternähten des T-Shirts liegen.
4. Jetzt wird der Beleg nach innen gestülpt. Bügle die Ausschnittkante ordentlich zurecht. Du kannst ihn mit Kontrastgarn an der Unterkante knappkantig annähen oder unauffällig mit ein paar Handstichen an der Schulternaht fixieren.
5. Saumbelege oder Belege an den Ärmelabschlüssen werden auf dieselbe Art genäht.

Tipp

Nicht nur wenn du kein farblich passendes Bündchen zur Hand hast, ist ein Beleg eine praktische Lösung, sondern auch, um „schwierige“, z. B. eckige Ausschnittformen zu versäubern. Auch für Saum- und Ärmelabschlüsse eignet er sich.

SÄUME

Ausgehend von der einfachsten Saumvariante, einem einfach umgeschlagenen Saum, erfährst du hier, welche Möglichkeiten sich für die Saumverarbeitung der Shirts anbieten.

EINFACHER UMSCHLAGSAUM

Am einfachsten und schnellsten säumst du, indem du die Saumkante zur linken Stoffseite hin nach innen einschlägst und festnähst. Du brauchst dafür bei geraden Säumen eine Saumzugabe von ca. 2,5–3 cm, weil schmalere Säume sich beim Tragen manchmal nach außen klappen. Gerundete Säume gelingen allerdings besser, wenn sie nur etwa 1,5–2 cm nach innen eingeschlagen werden.

1

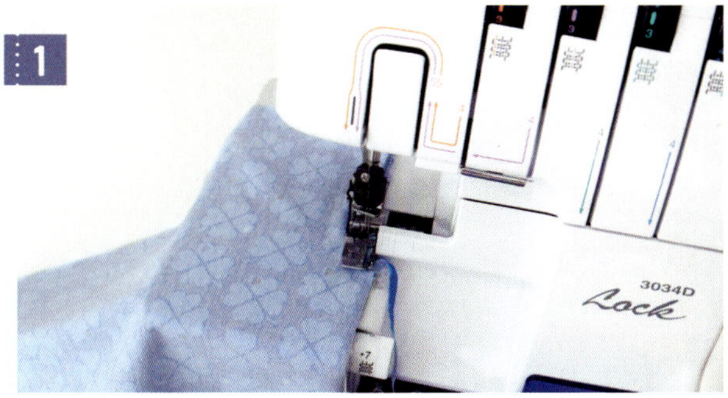

2

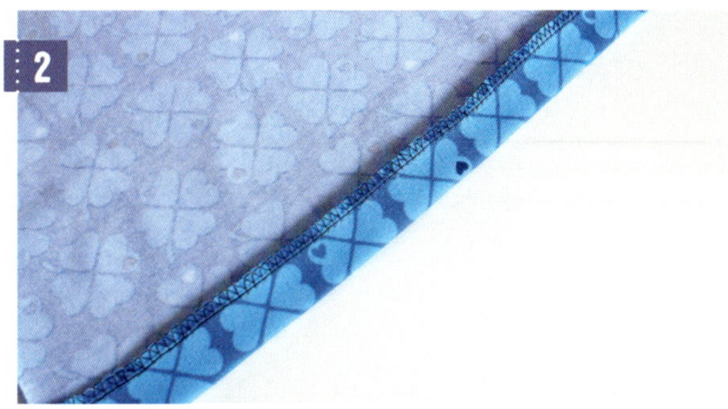

3

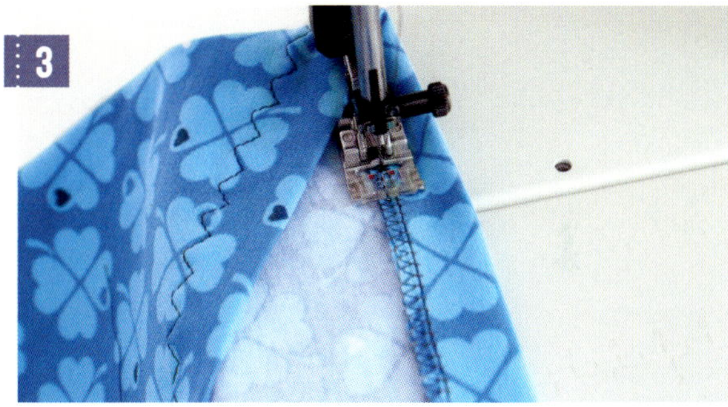

Tipp

Übrigens: Da Jersey in den meisten Fällen nicht ausfranst, kannst du, für einen besonders lässigen Look oder wenn es mal sehr schnell gehen muss, dein T-Shirt auch einfach ungesäumt lassen.

1. Versäubere zur Vorbereitung die Saumkante mit einer Overlocknaht. Dabei ist es hilfreich, den Differenzialtransport etwas hochzustellen – so zieht sich der Saum leicht zusammen und lässt sich beim Umfalten passgenau in das T-Shirt legen. Mit einer Haushaltsnähmaschine kannst du den Stoff mit einem über die Kante hinausgehenden Zickzackstich versäubern.
2. Schlage den Stoff in der Breite der von dir hinzugefügten Saumzugabe nach innen. Bügle die Faltkante, damit alles glatt liegt.
3. Nähe den Saum am oberen Rand knappkantig fest, z. B. mit dem 3-geteilten Zickzackstich oder einem elastischen Zierstich. Du könntest hier auch eine Zwillingsnadel verwenden, dann musst du den Saum von der rechten Stoffseite festnähen.

EINSCHLAG-UMSCHLAG-SAUM

Bei dieser Methode bleiben keine offenen Stoffkanten mehr sichtbar, die Schnittkante liegt innen. Du brauchst dafür eine Saumzugabe von 3 cm.

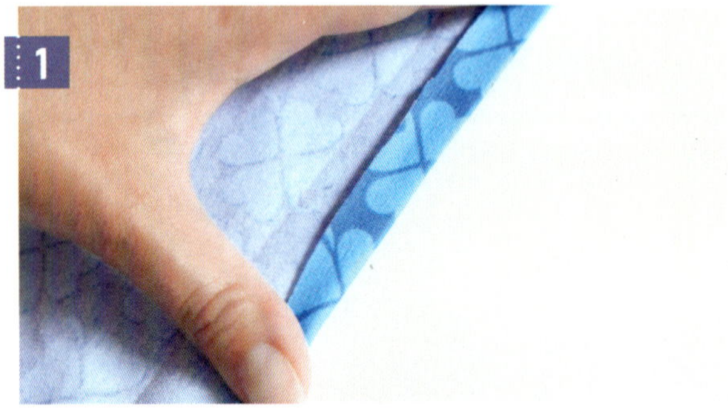

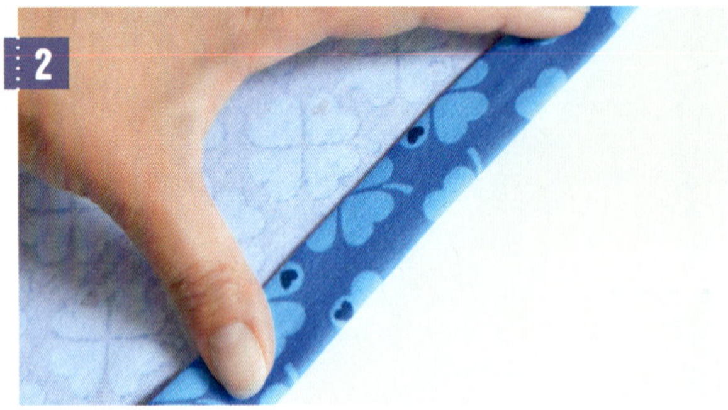

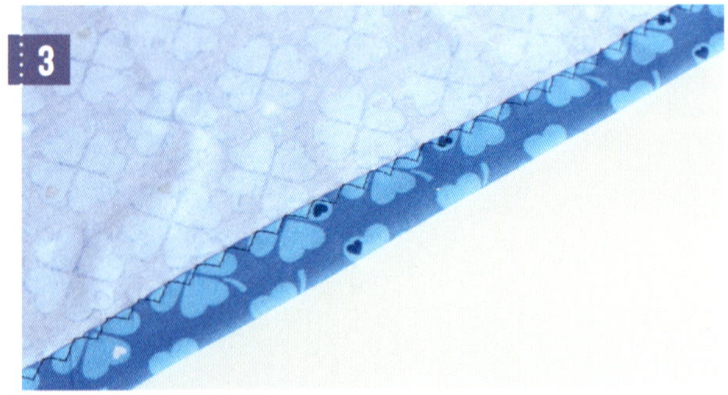

Tipp

Es gibt verschiedene Möglichkeiten, dein T-Shirt zu säumen, also die Unterkanten und die Ärmelabschlüsse sauber zu verarbeiten. Mit den unterschiedlichen Verarbeitungsweisen kannst du immer wieder ganz andere Effekte erzielen.

1. Schlage den Stoff 1 cm zur linken Stoffseite ein und bügle die Kante.
2. Falte den Stoff dann 2 cm zur linken Stoffseite um und bügle die Kante erneut. Es ist wichtig, dass alle drei Stofflagen flach und faltenfrei liegen und die Faltkante gerade ist.
3. Nähe den Saum am oberen Rand mit einem dehnbaren Stich knappkantig fest.

BÜNDCHEN „FÜR FAULE"

Durch diese schnelle Art des Säumens kannst du den Look eines Bündchens imitieren, ohne einen extra Bündchenring annähen zu müssen. Allerdings wird der Saum so auch nicht gerafft.

1

2

3

1. Denk schon beim Zuschneiden daran, eine größere Saumzugabe hinzuzufügen, z. B. 5 cm. Diese Saumzugabe faltest du nach außen, zur rechten Seite des T-Shirts hin.
2. Die Hälfte dieses Umschlags wird wieder links auf links Richtung Saum geschlagen.
3. Zum Schluss nähst du die offenen Saumkanten (mit der Overlockmaschine) zusammen.

ROLLSAUM

Mit einem Rollsaum kannst du einen Saum schmal einfassen oder wellige, „gerüschte" Abschlüsse arbeiten. Bitte lies im Handbuch deiner Overlockmaschine nach, welche speziellen Einstellungen du dafür an deiner Maschine vornehmen musst. Bevor du dein T-Shirt säumst, mach an einem Reststück deines Stoffs eine Probe.

Grundsätzlich gilt:

- Entferne die linke Nadel deiner Overlockmaschine
- Stelle die Stichbreite und Stichlänge jeweils auf das Minimum ein.
- Verringere den Differenzialtransport.
- Dehne den Stoff beim Nähen, dadurch ergeben sich die Wellen.

Der Rollsaum kann auch mit der Haushaltsnähmaschine genäht werden. Nähe dafür ein- oder zweimal entlang des Saums mit einem sehr eng eingestellten Zickzackstich und ziehe beim Nähen stark am Stoff, sodass er gedehnt wird.

SAUM MIT GUMMIBAND

In einen einfachen Umschlagsaum oder einen Einschlag-Umschlag-Saum kannst du ein Gummiband einziehen, um den Saum zu raffen. Das macht sich z. B. sehr gut bei den ausgestellten Ärmeln.
Der fertige Saum sollte 3–5 mm breiter sein als das Gummiband, das du einziehen möchtest.

Tipp Du kannst mit einem Gummiband ein T-Shirt (z. B. ein Longshirt) auch auf einfache Art taillieren. Schließe einen Jerseystreifen zum Ring. Nähe diesen auf der linken Stoffseite auf Taillenhöhe rund um das T-Shirt fest, sodass ein Tunnel entsteht. Lass eine Öffnung frei und ziehe durch diese ein Gummiband mithilfe einer Sicherheitsnadel ein.

1. Beim Festnähen des Saums lass eine Öffnung frei, die etwas länger als die Breite deines Gummibands ist. Ziehe das Gummiband mithilfe einer Sicherheitsnadel durch den Saum.
2. Du solltest die Länge des Gummibands jetzt überprüfen, anschließend wird es überlappend zum Ring zusammengenäht.
3. Überprüfe, ob sich das Gummiband nicht verdreht hat. Schließe die Einziehöffnung im Saum. Eventuell fixiere das Gummiband noch mit ein paar Stichen, z. B. über der Seitennaht, dann kann es sich auch beim Waschen und Tragen nicht mehr verdrehen.

KNÖPFE UND DRUCKKNÖPFE

Obwohl T-Shirts aus dehnbarem Stoff genäht sind und oft keine (aufknöpfbare) Öffnung benötigen, finden sich auf einigen Modellen Knöpfe bzw. Knopfleisten. Keine Sorge, Knopflöcher zu nähen ist mit etwas Übung nicht so schwierig, wie es aussieht. Darüber hinaus machen sich auch reine Zierknöpfe sehr hübsch.

DRUCKKNÖPFE

Als schnelle Alternative zu Knöpfen und Knopflöchern bieten sich Druckknöpfe an. Für Maschenware verwende bitte unbedingt spezielle Jersey-Druckknöpfe mit Zacken, die sich durch den Stoff drücken und ins Gegenstück hineingebogen werden. Diese Druckknöpfe können mit einer dazugehörigen Zange oder dem mitgelieferten Werkzeug in den Stoff gearbeitet werden. Eine genaue Anleitung des Herstellers findest du meist auf der Packung.

1. Markiere die Stellen, an denen die Druckknöpfe angebracht werden sollen. Vor allem sehr dünne Jerseystoffe verstärke vorher mit einer passenden Einlage (siehe S. 29). Befestige zuerst den Druckknopf mit der Wölbung.

2. Lege die andere Seite passgenau auf diesen Druckknopf und markiere durch Aufdrücken des Knopfs die Stelle, an der das zweite Teil gesetzt werden soll. Befestige den zweiten Teil des Druckknopfs.

KNOPFLOCH UND KNOPF

Bevor du – z. B. an einer Knopfleiste (S. 49) – Knopflöcher in Jersey nähst, muss der Stoff unbedingt mit Einlage verstärkt werden. Dadurch wird verhindert, dass der Stoff sich verzieht und die Knopflöcher ausleiern. Manche Näherinnen empfinden es auch als hilfreich, die Knopfleiste mit Stickvlies zu unterlegen, das nach dem Nähen wieder entfernt wird.

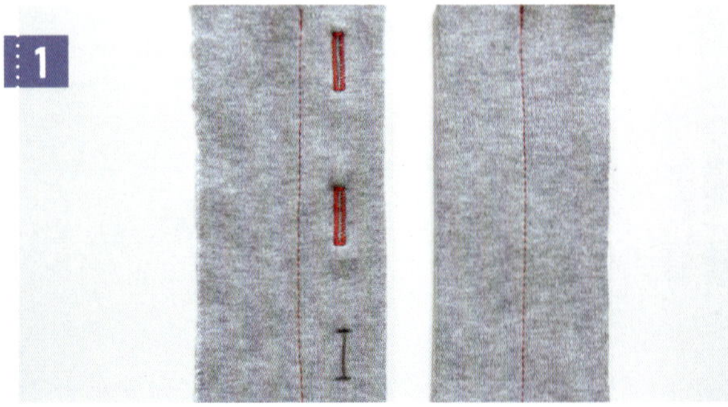

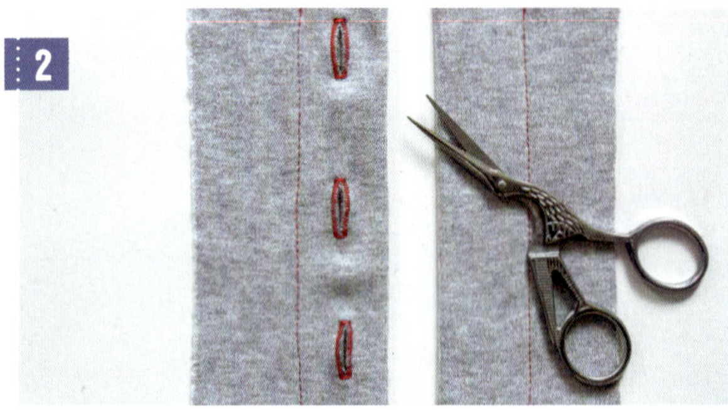

Tipp

Knöpfe müssen nicht immer zum Verschließen dienen – oft eignen sie sich auch als leicht anzubringende Schmuckelemente. Solche Zierknöpfe kannst du, ganz ohne Knopflöcher, einfach am Stoff aufnähen, z. B. entlang des Halsausschnitts oder auf einer Fake-Knopfleiste.

1. Markiere die Stellen für die Knopflöcher und arbeite diese mit der Knopflochautomatik der Haushaltsnähmaschine. Je nach Maschine kannst du hier beim Nähfußdruck spezielle Einstellungen für das Nähen von Jerseyknopflöchern vornehmen. Höherwertige Nähmaschinen haben oft auch ein elastisches Knopfloch im Repertoire – lies dazu in der Anleitung deiner Nähmaschine nach.
2. Schneide die Knopflöcher vorsichtig mit einer feinen Schere auf.
3. Markiere die Position der Knöpfe auf dem zweiten Teil der Knopfleiste und nähe diese an den entsprechenden Stellen per Hand auf.

KNOPFLEISTE

Eine Knopfleiste oder auch „Poloverschluss“ verleiht deinem T-Shirt ein schönes Extra. Das Nähen erfordert besondere Genauigkeit, aber mit etwas Übung kriegst du die Knopfleiste sicher hin!

Du kannst die Knopfleiste bereits vor dem Zusammennähen des T-Shirts in das Vorderteil einnähen oder sie erst einarbeiten, nachdem Schulter- und Seitennähte geschlossen und die Ärmel eingesetzt wurden.

1. Markiere am Vorderteil auf der linken und der rechten Stoffseite genau an der vorderen Mitte einen Schlitz in der gewünschten Länge der Knopfleiste. Du kannst dir rund um den Schlitz auch den Abstand zur Nahtlinie (je 1 cm) markieren. Danach verstärke den Stoff am unteren Ende auf der linken Stoffseite mit einem Stückchen leichter bi-elastischer Einlage, z. B. Vlieseline G 785.
2. Schneide nun die Blenden für den Verschluss zu. Diese sind 3 cm länger als der markierte Schlitz. Die fertige Knopfleiste soll 2 cm breit sein – die Blende muss doppelt so breit sein plus zweimal Nahtzugaben (je 1 cm). Es ergeben sich also zwei Rechtecke mit je 6 cm Breite und in der von dir gewünschten Knopfleisten-Länge + 3 cm. Verstärke diese Schnittteile je zur Hälfte mit leichter Einlage und markiere dir die Mitte der Blenden sowie die Nahtzugaben und die Schlitzlänge.
3. Die beiden Rechtecke stecke nun rechts auf rechts auf das Vorderteil. Die verstärkte Hälfte liegt neben dem Schlitz. Die beiden Rechtecke stoßen aneinander an, die Schlitzmarkierung liegt dazwischen. Nähe die Rechtecke im Abstand der Nahtzugabe fest, und zwar genau (!) bis zum Ende des markierten Schlitzes. Es ist wichtig, dass die Nähte auf beiden Seiten genau gleich lang sind.
4. Schneide den Schlitz auf und mach am unteren Ende ganz vorsichtig in das T-Shirt-Vorderteil zwei kleine Einschnitte bis etwa 2 mm vor die Eckpunkte der Blenden. Achtung: Die angenähten Blenden dürfen nicht eingeschnitten werden!

5. Bügle die Nahtzugaben jeweils an beiden Seitenkanten der Blenden jeweils nach innen. Auch die Nahtzugabe des T-Shirt-Vorderteils wird in Richtung Blendeninnenseite gebügelt.
6. Klappe die Blenden jetzt in der Mitte zusammen und bügle die Kante. Die umgebügelten Nahtzugaben der Blenden kommen dabei aufeinander zu liegen, die Nahtzugabe des T-Shirt-Vorderteils liegt dazwischen. Du kannst die Blendenkanten jetzt mit der Maschine oder von Hand zusammennähen.
7. Lege die rechte Blende über die linke und stecke sie genau übereinander. Die unteren Blendenenden schiebst du nach innen, d. h. auf die linke Seite des T-Shirt-Stoffs.
8. Auf der linken Seite des T-Shirt-Vorderteils werden nun das kleine Dreieck, das durch die Einschnitte im Stoff entstanden ist, und die unteren Blendenenden zusammengenäht. Die Naht reicht genau von Ecke zu Ecke. Du kannst die Naht vorher von Hand heften, damit nichts verrutschen kann. Es ist hilfreich, den T-Shirt-Stoff so umzuklappen, wie auf dem Bild zu sehen, das erleichtert das Nähen.

9. Die überstehenden Enden der Blenden kannst du eventuell kürzen, bei Bedarf versäubern und dann von der rechten Seite festnähen, z. B. mit einem dekorativen Kreuz.
10. Wenn Vorder- und Rückteil des T-Shirts zusammengenäht sind, kannst du den Halsausschnitt versäubern. Bei Modell VENEDIG auf Seite 109 siehst du, wie dir an den Blendenenden ein sauberer Abschluss gelingt, wenn du den Ausschnitt mit einem Jerseystreifen einfassen willst. Hier siehst du die Versäuberung mit einem Halsbündchen. Schneide dieses in der passenden Länge zu, falte es in der Höhe rechts auf rechts zur Hälfte und nähe die kurzen Enden zusammen. Stülpe nun das Bündchen an den Enden um und forme die Ecke schön aus.
11. Danach wird das Bündchen wie gewohnt links auf links auf halbe Höhe gefaltet und rechts auf rechts an den Halsausschnitt genäht. Achte darauf, dass das Bündchen genau mit den Blendenkanten abschließt, und vernähe die Fadenenden gut bzw. ziehe die Fadenkette der Overlocknaht mit einer Nadel von der Blendenkante weg in die Naht. Bügle die Nahtzugaben nach unten, du kannst sie auch absteppen.
12. Zuletzt werden in den rechten, oben liegenden Teil der Knopfleiste Knopflöcher genäht und an den linken unteren Teil Knöpfe genäht. Alternativ kannst du Druckknöpfe anbringen.

Tipp

Die Blenden für die Knopfleiste können auch aus Webstoff zugeschnitten werden. Das ergibt nicht nur einen hübschen Kontrast, sondern erleichtert auch das Nähen, weil der Webstoff sich nicht so leicht verzieht.

RAFFEN/KRÄUSELN

Unentbehrlich am Puffärmel und immer eine schöne Idee, um einen kleinen Akzent an der Schulter zu setzen, sind Kräusel. Aber da muss mit der Kräuselei noch lange nicht Schluss sein! Überall dort, wo Volumen zusammengefasst wird, kannst du diese Technik anwenden.

RAFFEN/KRÄUSELN MIT FRAMILONBAND

Framilonband ist ein weiches, transparentes Gummiband. Mit Framilonband gekräuselte Nähte bleiben elastisch.

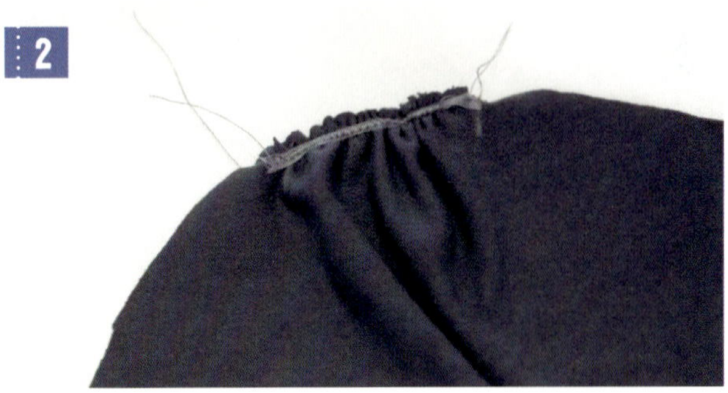

1. Markiere den zu raffenden Bereich auf der linken Stoffseite. Schneide das Framilonband in der gewünschten Länge (Breite nach Raffung + 2 cm Nahtzugabe) zu und stecke es mit 1 cm Abstand zu den Markierungen fest, das heißt, das Band beginnt 1 cm vor der ersten Markierung.
2. Der erste Zentimeter – also die Nahtzugabe – wird ungedehnt angenäht. Ab der Markierung nähe das Framilonband gedehnt mit dem Zickzackstich fest. Nach Ende der Markierung nähe das Framilonband nochmals 1 cm ungedehnt fest.

RAFFEN/KRÄUSELN MIT ZWEI FÄDEN

Alternativ kannst du Raffungen auch einfach durch zwei nebeneinanderliegende Nähte arbeiten.

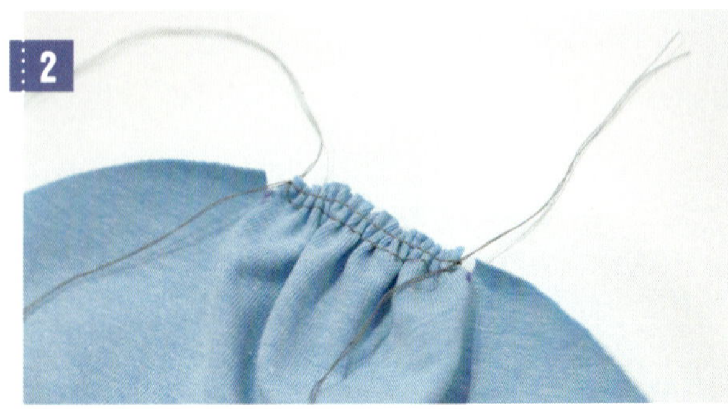

1. Markiere den zu raffenden Bereich auf der Nahtzugabe des Stoffs (rechte oder linke Stoffseite ist dabei egal). Nähe mit der Haushaltsnähmaschine zwei parallele Nähte innerhalb der Nahtzugabe mit dem längsten Geradstich, ohne die Enden zu verriegeln. Verknote die Fäden nun auf einer Seite und ziehe an der anderen Seite am oberen Faden, bis die Raffung der gewünschten Breite entspricht.
2. Verknote nun auch die anderen Enden und verteile die Raffung gleichmäßig.

VERZIERUNGEN

Mit Verzierungen kannst du deinen T-Shirts den individuellen Feinschliff verpassen. Einige Anregungen dazu findest du auf den folgenden Seiten.

APPLIZIEREN

Dein T-Shirt kannst du mit einem aufgenähten Motiv nach Wahl verschönern. Wenn du die Stoffstücke zuerst mit beidseitig haftendem Klebevlies (z. B. Vliesofix) fixierst, kann beim Annähen nichts mehr verrutschen.

1

2

3

Tipp Bei mehrteiligen Applikationen bzw. solchen, bei denen Applikationsteile einander überlappen, bügle und nähe die Teile einzeln und nacheinander auf.

1. Zeichne das gewünschte Motiv zuerst auf die Papierseite des Klebevlieses. Achte darauf, Buchstaben, Zahlen und Motive spiegelverkehrt aufzuzeichnen. Bügle die beschichtete Seite des Klebevlieses auf die linke Seite des Applikationsstoffs und schneide das Motiv anschließend aus.
2. Ziehe das Papier vom Klebevlies ab und platziere das Motiv bzw. dessen Einzelteile an der gewünschten Stelle deines T-Shirts. Durch Bügeln (meist mit einem dazwischengelegten feuchten Tuch – achte auf die Herstelleranweisung deines Klebevlieses) wird die Applikation auf dem Stoff fixiert.
3. Zum Schluss nähe das Motiv rundherum fest. Dafür kannst du einen Zickzackstich verwenden – achte darauf, dass die Nadel links in den Stoff des Motivs einsticht, rechts knapp neben der Stoffkante. Alternativ kannst du die Applikation auch mit Geradstich annähen, dann können die Ränder mit der Zeit ausfransen.

PASPELN

Paspeln sind Zierbänder mit einem schmalen Wulst an einer der Kanten. Zum Verarbeiten mit dehnbaren Stoffen wie Jersey gibt es im Fachhandel spezielle elastische Paspelbänder. Mitgefasst ergeben sie einen sehr hübschen Kontrast.

1

3
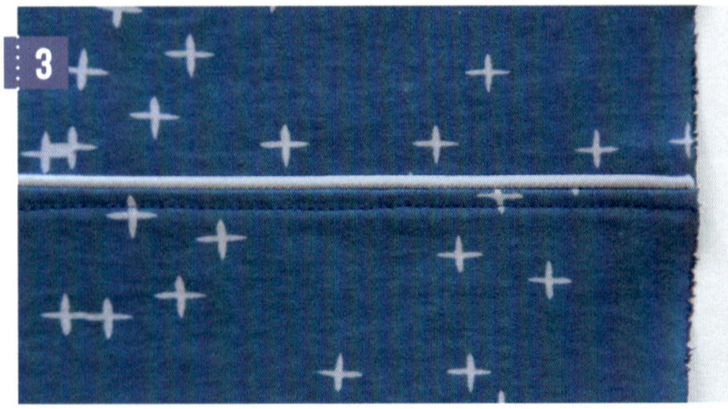

2
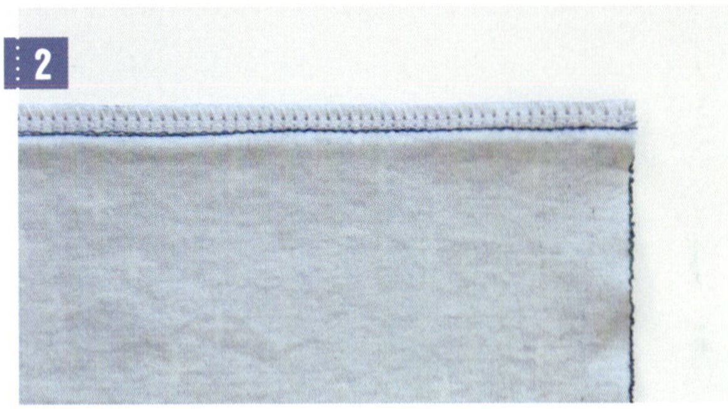

Tipp Du kannst Paspeln auch toll zwischen Halsausschnitt und Halsbeleg oder zwischen den Schnittteilen des Bubikragens einnähen. Wenn du Paspeln in der Runde nähst, z. B. um sie zwischen einem Ärmelbündchen und dem Ärmel mitzufassen, lege das Paspelband zum Ring zusammen, so, dass die Enden einander überlappen.

1. Die Paspel wird im Abstand der Nahtzugabe rechts auf rechts auf den Stoff gesteckt, dabei zeigt die Paspelschnur von der Außenkante weg. Nähe nun die Paspel mit dem (dehnbaren) Geradstich der Haushaltsnähmaschine fest – die Naht muss direkt neben dem Wulst liegen. Hier ist übrigens ein Reißverschlussfuß sehr hilfreich.
2. Lege und stecke nun das zweite Stoffstück rechts auf rechts auf das erste, die Paspel liegt dazwischen. Nähe die Stoffe wieder mit dem dehnbaren Geradstich oder einem sehr schmal eingestellten Zickzackstich der Haushaltsnähmaschine zusammen. Nähe genau auf der Naht, mit der in Punkt 1 die Paspel angenäht wurde. Versäubere die Nahtzugaben mit der Overlock, ohne die neue Naht zu verletzen.
3. Bügle die Nahtzugaben zu einer Seite, du kannst sie auch feststeppen. Die fertig eingefasste Paspel liegt nun gleichmäßig zwischen den beiden Stoffstücken.

„FAKE“-PASPELN

Anstelle einer fertigen dehnbaren Paspel kannst du auch einen Jerseystreifen zwischenfassen.

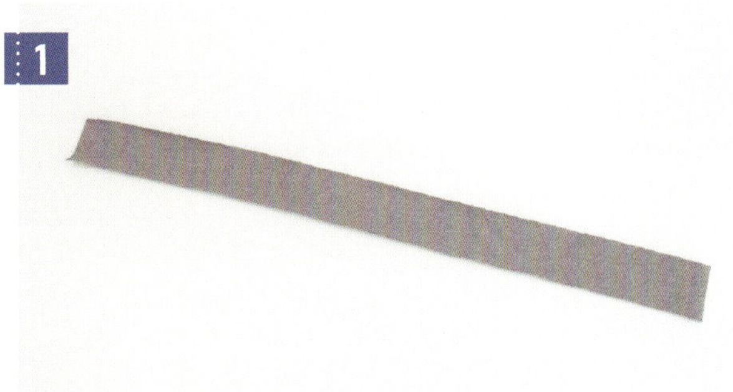

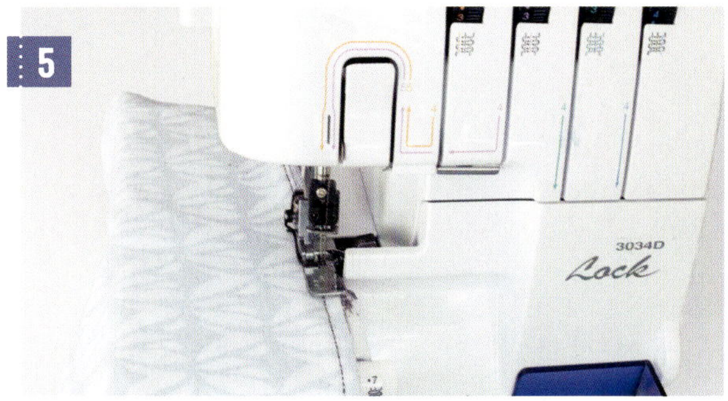

1. Schneide dir dafür einen Jerseystreifen in der doppelten Breite der Nahtzugabe + 5 mm zu. Die Länge des Streifens ist so lang wie die Nahtlinie, an der du den Akzent setzen möchtest.
2. Falte und bügle den Streifen für die Fake-Paspel der Länge nach links auf links auf genau die halbe Höhe. Stecke den Streifen so auf den Stoff, dass die offenen Kanten in Richtung der Stoffkante zeigen.
3. Nähe die Fake-Paspel mit dem (dehnbaren) Geradstich der Haushaltsnähmaschine an. Halte dabei die Nahtzugabe ganz genau ein.
4. Jetzt wird das zweite Stoffstück rechts auf rechts auf das erste gesteckt, der Paspelstreifen liegt dazwischen. Nähe dann die Stoffe genau auf der vorherigen Naht zusammen.
5. Anschließend versäubere die Naht vorsichtig mit der Overlockmaschine.
6. Wenn du die Stoffstücke auseinanderklappst, wird das zwischengefasste Jerseyband sichtbar.

AUFGESETZTE TASCHEN

Aufgesetzte Brusttaschen auf T-Shirts sind ein echter Klassiker und praktisch und hübsch zugleich.

1

2

3

4

1. Schneide die Tasche rundherum mit Nahtzugaben zu. Wenn du eine Overlockmaschine hast, versäubere damit alle Kanten der Tasche. Bügle dann die versäuberten Kanten nach innen zur linken Stoffseite hin um. Durch die Overlocknaht legen sich die Kanten leichter in Form.
2. Vor allem bei gerundeten Taschen ist es sehr hilfreich, zusätzlich eine Schablone aus festem Papier oder Pappe zu verwenden. Damit sich der Stoff gut in die Rundungen legt, kannst du mit einem lang eingestellten Geradstich der Haushaltsnähmaschine innerhalb der Nahtzugabe an den Taschenrändern entlangnähen und den Stoff anschließend durch Ziehen an den ungesicherten Nahtenden um die Schablone herum einkräuseln.
3. Schlage die Oberkante auf Höhe der am Papierschnitt markierten Umbruchlinie zur linken Stoffseite hin ein und nähe sie fest.
4. Nun steckst du die Tasche an der gewünschten Stelle bzw. auf Höhe der vom Papierschnittmuster übertragenen Markierungen links auf rechts auf deinem T-Shirt fest. Nähe die Tasche mit dem Geradstich der Haushaltsnähmaschine entlang der Seiten und der Unterkante fest; an Nahtanfang und -ende nähst du zur Stabilisierung ein kleines Dreieck.

FAKE-COVERLOCKNAHT

Lässige Akzente kannst du auch mit einer Naht setzen, die die Ziernaht einer Coverlockmaschine imitiert. Das passt vor allem zu sportlichen, legeren T-Shirts sehr gut.

1. Lege die Stoffe links auf links und nähe sie mit der Overlockmaschine zusammen.
2. Klappe die Stoffe auseinander und nähe die sichtbare Overlocknaht knappkantig mit der Haushaltsnähmaschine fest.

Projekte

JETZT GEHT ES ANS NÄHEN!

Im Folgenden findest du 17 Beispiele für T-Shirts, Tops und Longshirts, die aus dem Schnittmuster im Baukastensystem zusammengestellt wurden. Diese Modelle kannst du genau so nachnähen, du kannst sie aber auch nur als Anregung verstehen und Schnittteile, Details und unterschiedliche Verarbeitungsmethoden neu kombinieren. Auf diese Weise lassen sich noch viele weitere T-Shirts nähen – kreiere deine eigenen Wunschmodelle!

Bevor du loslegst, lies dir bitte jeweils die gesamte Anleitung für das entsprechende Modell durch. Genaue Erläuterungen zu häufig vorkommenden Nähtechniken findest du im vorderen Teil des Buchs, in den Anleitungen wird immer wieder darauf verwiesen. Darüber hinaus werden bei den folgenden Beispiel-T-Shirts weitere Verarbeitungsmethoden erklärt – diese kannst du natürlich auch bei anderen Oberteilen anwenden. Spiel mit den Details und wandle die Modelle nach deinen eigenen Ideen ab! Mithilfe der folgenden Fragen kannst du übrigens beim Zuschneiden überprüfen, ob du nichts Wichtiges vergessen hast.

CHECKLISTE BEIM ZUSCHNEIDEN:

- Welche Schnittteile brauche ich?
- Welche Form des Halsausschnitts, welche Saumform, welche Länge wähle ich?
- Will ich eines oder mehrere Schnittteile anpassen?
- Muss ich die Schnittteile z. B. erst kürzen, weil ich ein Bündchen annähen will?
- Muss ich auf der linken Stoffseite zuerst Einlage aufbringen?
- Sind die Schnittteile im Fadenlauf am Stoff platziert?
- Wo brauche ich Nahtzugaben?
- Wo brauche ich Saumzugaben?
- Habe ich alle nötigen Markierungen übertragen?

Melbourne

Basic-Shirts kann frau immer brauchen. Dieses sportliche Modell zeichnet sich durch hübsche Details aus, bleibt dabei aber trotzdem schlicht und gut zu kombinieren. Mit langen Ärmeln wird es herbst- und wintertauglich.

- Rundhalsausschnitt
- kurze Ärmel
- schmale Jerseybündchen
- Brusttasche
- asymmetrischer Saum

Du brauchst:

- gemusterten Jersey: 120–160 cm
- optional: zusätzlich Bündchenware: ca. 20 cm (alternativ werden die Bündchen wie hier aus dem Hauptstoff zugeschnitten)
- optional: ein Label, hier selbstgemacht aus einem Rest SnapPap
- Schnittteile: 1, 2, 6, 12

Zuschneiden:

AUS HAUPTSTOFF:

- 1 x Schnittteil 1 (Vorderteil) mit Rundhalsausschnitt und asymmetrischem Saum, außer am Hals und am Saum überall mit Nahtzugabe, im Stoffbruch zuschneiden; die Position für die Brusttasche markieren
- 1 x Schnittteil 2 (Rückteil) mit Rundhalsausschnitt und asymmetrischem Saum, außer am Hals und am Saum überall mit Nahtzugabe, im Stoffbruch zuschneiden
- 2 x gegengleich Schnittteil 6 (kurze Ärmel), an der Unterkante ohne Nahtzugabe; an den Seiten und der Armkugel mit Nahtzugabe zuschneiden
- 1 x Schnittteil 12 (Brusttasche) mit Nahtzugabe an allen Seiten zuschneiden

AUS HAUPTSTOFF ODER BÜNDCHENWARE:

- 1 Streifen mit 3,5 cm Höhe, in der Länge des Halsausschnitts x 0,8–0,9 plus Nahtzugaben
- 2 Streifen mit 3,5 cm Höhe, in der Länge des unteren Ärmelumfangs x 0,8–0,9 plus Nahtzugaben
- 1 Streifen mit 3,5 cm Höhe, in der Länge der Saumkante x 0,8–0,9 plus Nahtzugaben

So geht's

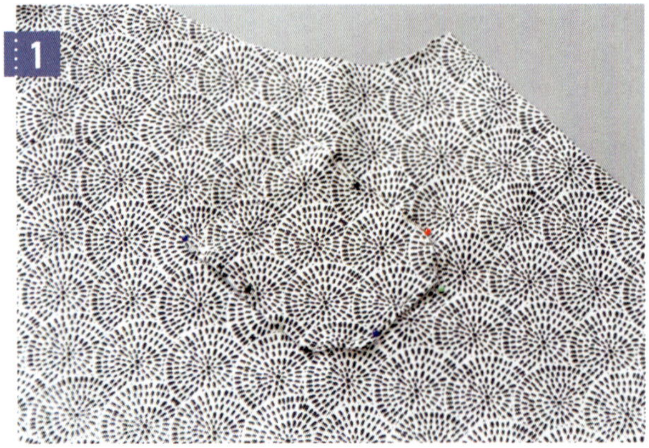

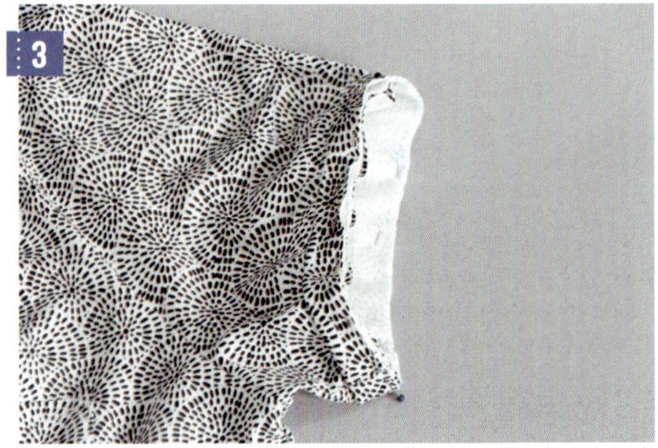

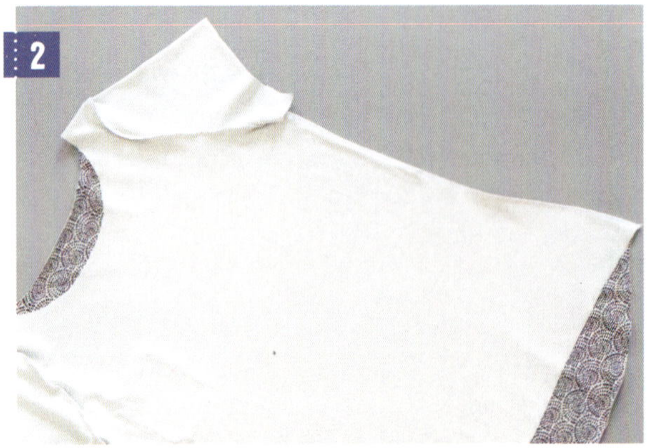

1. Bereite die Brusttasche vor, dann stecke und nähe sie auf Höhe der Markierung am Schnittmuster auf das Vorderteil des T-Shirts. Eine genaue Erklärung zum Aufnähen von Taschen findest du auf Seite 56.
2. Jetzt kannst du, wie auf Seite 31 erläutert, die Schulternähte schließen und die Ärmel einsetzen. Danach werden Ärmel- und Seitennähte mit einer durchgehenden Naht geschlossen.
3. Die Ärmelsäume werden mit schmalen Bündchen versäubert. Hier sind diese aus Jersey zugeschnitten, natürlich kannst du auch Bündchenware verwenden. Für die Bündchen schließe die Bündchenstreifen (Länge = Ärmelsaum x 0,8–0,9) an den kurzen Enden zum Ring und falte sie längs zur Hälfte. Diese Ringe werden leicht gedehnt rechts auf rechts an die Ärmelsäume gesteckt und genäht. Zu diesem Thema kannst du auf Seite 33 Genaueres nachlesen.
4. Nach dem Annähen der Bündchenringe bügle die Nahtzugaben nach oben – du kannst diese nun feststeppen, z. B. mit dem Zickzackstich, einem Zierstich oder einem elastischen Geradstich.

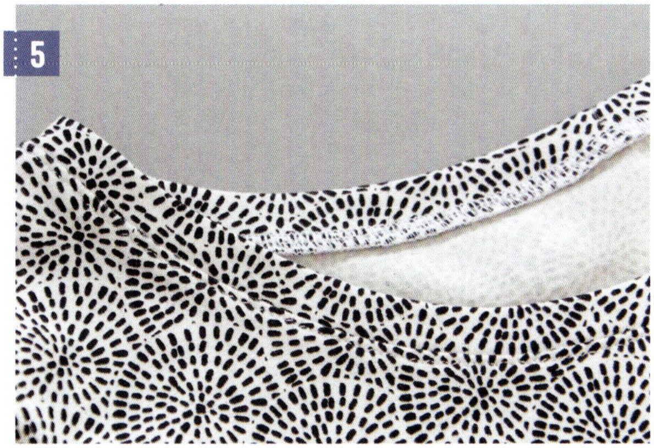

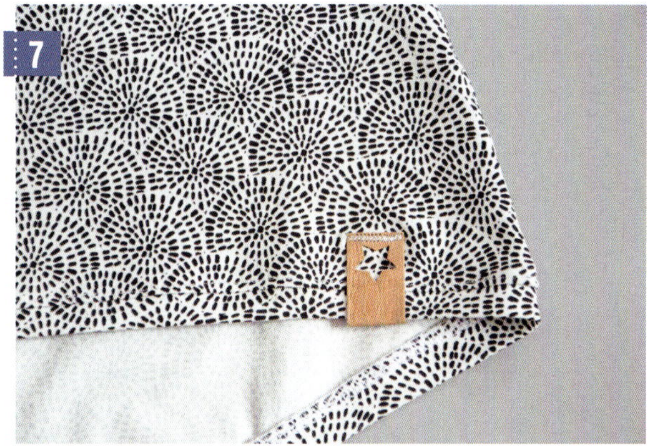

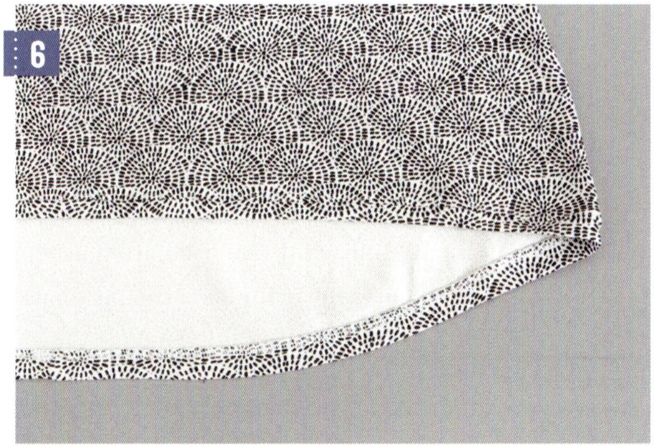

Tipp

Label und Etiketten machen deine T-Shirts noch persönlicher und professioneller. Im Handel sind (individualisierbare) gewebte oder bedruckte Labels erhältlich. Aber auch ein Stück hübsches Webband oder ein nicht fransender Stoffrest können als Blickfang dienen. Sogenanntes Snap Pap (waschbares Papier in Lederoptik) kannst du selbst zurechtschneiden und auch bedrucken oder bestempeln.

5. Auch der Halsausschnitt wird mit einem Bündchen versäubert (siehe auch S. 32). Die Nahtzugabe bügle nach dem Annähen vom Ausschnitt weg, du kannst sie ebenfalls feststeppen. Sollte sich die Naht nach dem Steppen wellen, hilft es übrigens sehr gut, mit viel Dampf darüberzubügeln.
6. Auf dieselbe Weise wird auch an den asymmetrischen Saum ein Bündchen genäht. Dieses kannst du wieder feststeppen, dann kann es nicht umklappen und der Saum bleibt schöner in Form.
7. Zum Schluss kannst du noch ein Label befestigen. Ich habe hier ein ca. 6 x 2 cm großes Stück waschbares Papier in Lederoptik zusammengefaltet und dann um den Saum geschoben und am oberen Ende durch alle Lagen festgenäht. Der Stern oder andere Motive lassen sich leicht mit Motivlochern ausstanzen.

Reykjavík

Der amerikanische Ausschnitt bringt Abwechslung in deine T-Shirt-Sammlung. Hier kannst du entweder mit Kontrasten spielen oder auch ein schlichteres, einfarbiges Modell mit dezenten Details nähen.

- tiefer Ausschnitt mit Schulterüberlappungen („amerikanischer Ausschnitt“)
- ¾-Ärmel mit Bündchen
- gerader Saum mit Bündchen

Du brauchst:

- gemusterten Jersey: 120–160 cm
- einfarbigen/kontrastfarbigen Jersey für Einfassstreifen: ca. 20 cm
- Bündchenware oder einfarbigen Jersey für Arm- und Hüftbündchen: ca. 30 cm
- evtl. 4–6 Knöpfe, Durchmesser 1–1,5 cm
- Schnittteile 1, 2, 6, 9

Zuschneiden:

AUS HAUPTSTOFF:

- je 1 x Schnittteil 1 (Vorderteil) und Schnittteil 2 (Rückteil) mit amerikanischem Ausschnitt, mit geradem Saum, unten um die fertige gewünschte Bündchenhöhe gekürzt, am Halsausschnitt ohne Nahtzugabe, am Saum mit Nahtzugabe zuschneiden; unbedingt die Position der Schulterlinie markieren; am Vorderteil den tieferen Halsausschnitt wählen.
- 2 x gegengleich Schnittteil 6 (Ärmel) als ¾-Ärmel, um die gewünschte Bündchenhöhe bzw. um die halbe Höhe von Schnittteil 10 (= ca. 5 cm) gekürzt.

AUS EINFARBIGEM KONTRASTSTOFF:

- je 1 Streifen, 4 cm hoch, in der Länge des vorderen bzw. hinteren Halsausschnitts x 0,8–0,9 plus Nahtzugabe

AUS BÜNDCHENWARE ODER JERSEY:

- 2 x gegengleich Schnittteil 9 (Ärmelbündchen für ¾-Ärmel)
- für das Saumbündchen 1 Streifen, doppelt so hoch wie die gewünschte fertige Bündchenhöhe plus Nahtzugaben (hier 10 cm plus Nahtzugaben), in der Länge des Saumumfangs x 0,9

So geht's

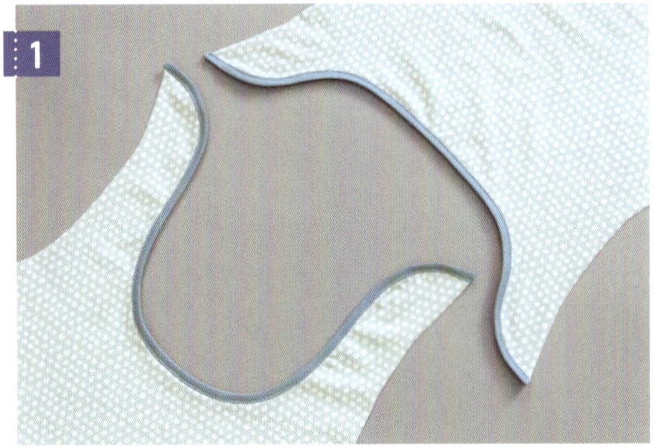

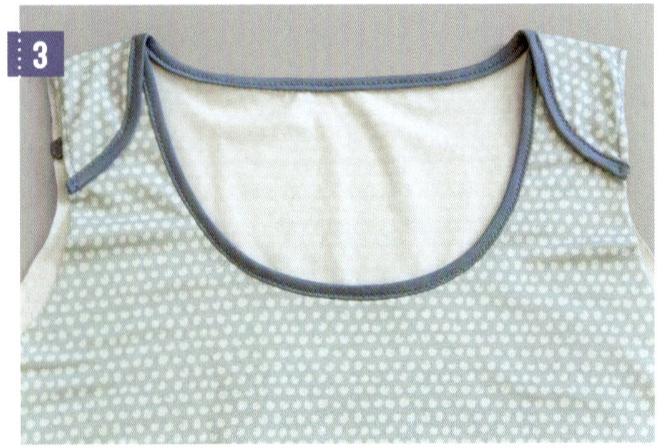

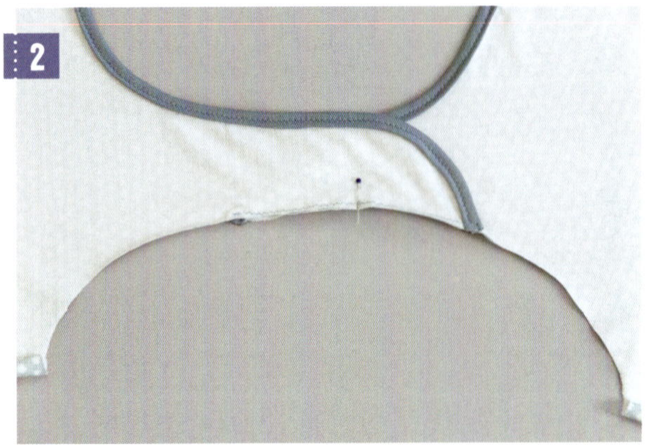

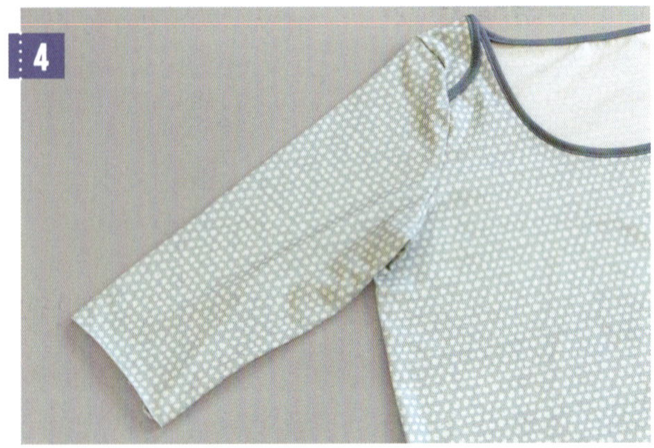

1. Als Erstes müssen die Halsausschnittkanten am Vorder- und am Rückteil versäubert werden. Ich habe den Ausschnitt mit einem Jerseystreifen eingefasst, du könntest stattdessen auch ein schmales Bündchen annähen. Dehne den Einfassstreifen bzw. das Bündchen nur an den nach innen gerundeten Kurven, nicht an den nach außen gewölbten Rundungen an der Schulter, sonst liegt der Ausschnitt später nicht schön an.
2. Lege nun das Rückteil des T-Shirts mit der linken Stoffseite nach oben vor dich hin. Das Vorderteil legst du nun, ebenfalls mit der linken Stoffseite nach oben, mit der Ausschnittüberlappung auf das Rückteil. Die Markierungen für die Schulternaht treffen aufeinander. Hefte die überlappenden Ausschnittteile an der Armausschnittlinie innerhalb der Nahtzugabe zusammen.
3. Kontrolliere jetzt noch einmal von der rechten Stoffseite: An der Schulterüberlappung liegt das Rückteil obenauf. Damit der Ausschnitt nicht aufklafft, kannst du die Überlappung des Rückteils am Vorderteil fixieren. Nähe diese dafür möglichst unauffällig an der Einfassung fest – versuche, „im Nahtschatten" zu nähen, also genau über der Naht am Einfassstreifen.
4. Der Halsausschnitt ist fertig, jetzt können die Ärmel in die Armausschnitte genäht werden. Anschließend werden die Seitennähte geschlossen. Wie ein T-Shirt zusammengesetzt wird, kannst du auf Seite 30 genauer nachlesen.

Tipp

Du kannst den amerikanischen Ausschnitt nicht nur mit dem tiefen Ausschnitt kombinieren, sondern auch mit dem Rundhalsausschnitt oder mit der ärmellosen Shirt-Variante. Achte v. a. bei der Halseinfassung, aber auch bei Ärmel- und Hüftbündchen immer darauf, dass Dicke und Schwere des Kontraststoffs der des Hauptstoffs ähnlich sind.

5. Bereite die Ärmelbündchen vor, indem du sie rechts auf rechts an den kurzen Seiten zu Ringen zusammennähst. Falte diese dann längs links auf links, sie sind jetzt nur mehr halb so hoch. Stecke sie rechts auf rechts an die Ärmelsaumkanten. Die offenen Kanten der Bündchen treffen auf die Saumkanten der Ärmel. Nähe die Bündchen gedehnt an und klappe sie anschließend nach vorn, sodass die Naht im Inneren verschwindet (siehe auch Ärmelbündchen auf S.33).
6. Zum Schluss wird auch am T-Shirt-Saum ein schmales Bündchen (fertige Breite ca. 5 cm) angenäht. Dafür nähe den Bündchenstreifen wieder zum Ring und nähe ihn leicht gedehnt rechts auf rechts an die Saumkante. Dann wird das Bündchen nach unten geklappt und die Nahtzugabe nach oben gebügelt (siehe auch Ärmelbündchen auf S. 33).
7. Wenn du möchtest, kannst du am Halsausschnitt noch Zierknöpfe aufnähen – Ton in Ton oder in einer Kontrastfarbe, ganz nach deinen Wünschen.

Tipp

Die Mittelnähte kannst du auch durch eine Covernaht oder eine mitgefasste (Fake-)Paspel betonen – schneide Vorder- und/oder Rückteil dann nicht im Stoffbruch, sondern gegengleich zu. Bei geteilten Vorder- und Rückteilen kannst du auch gut mit Mustern spielen. Lass z. B. im schrägen Fadenlauf zugeschnittene Streifen so aufeinandertreffen, dass sie ein V bzw. eine Pfeilform bilden.

Helsinki

Dem auf den ersten Blick ganz schlichten Shirt verleihen die betonten Mittelnähte und die praktischen Taschen das gewisse Etwas. Durch Stoff- bzw. Musterwahl könntest du hier auch noch auffälligere Akzente setzen.

- V-Ausschnitt
- Halsausschnitt mit Beleg
- Longshirt
- betonte Mittelnaht
- lange Ärmel
- aufgesetzte Taschen über der Seitennaht
- gerader Saum

Du brauchst:

- Jersey: 170–180 cm
- leichte, bi-elastische Einlage, z. B. Vlieseline G 785: ca. 30 cm
- Schnittteile 2, 3, 6, 13

Zuschneiden:

AUS HAUPTSTOFF:

- 1 x Schnittteil 3 (Vorderteil) mit V-Ausschnitt und Gesamtlänge Longshirt, mit geradem Saum, mit Nahtzugabe am Halsausschnitt, den Seiten und Armausschnitten sowie Saumzugabe am Saum zuschneiden. Achtung: Lege das Papierschnittmuster beim Zuschneiden nicht direkt an der Stoffbruchkante an, sondern parallel dazu in ca. 2 mm Entfernung. Schneide aber trotzdem im Bruch zu.
- 2 x Schnittteil 2 (Rückteil) mit Rundhalsausschnitt und Gesamtlänge Longshirt, mit geradem Saum, mit Nahtzugaben am Halsausschnitt, den Seiten und Armausschnitten sowie Saumzugaben am Saum zuschneiden. Achtung: Lege das Papierschnittmuster beim Zuschneiden nicht direkt an der Stoffbruchkante an, sondern parallel dazu in ca. 2 mm Entfernung. Schneide aber trotzdem im Bruch zu.
- 2 x gegengleich Schnittteil 6 als Langarm mit Saumzugabe an der Unterkante und Nahtzugabe an den Seiten und der Armkugel zuschneiden
- Belege für den vorderen und hinteren Halsausschnitt (3 cm breit), jeweils im Stoffbruch, Konstruktion siehe S. 42
- 2 x Schnittteil 13 (aufgesetzte Tasche) mit Nahtzugaben an allen Kanten

AUS EINLAGE:

- Belege für den vorderen und hinteren Halsausschnitt (2,5 cm breit), jeweils im Stoffbruch, Konstruktion siehe S. 42

So geht's

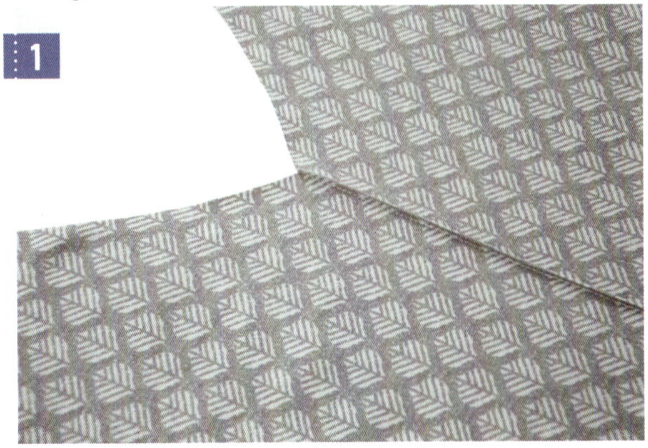

1. Falte das Vorderteil im Stoffbruch links auf links zusammen und bügle die Stoffbruchkante. Dann nähe mit dem (dehnbaren) Geradstich oder einem sehr flach eingestellten Zickzackstich der Haushaltsnähmaschine in ca. 2 mm Entfernung zur Stoffbruchkante beide Stofflagen zusammen. Falte nun die Schnittteile auseinander – es hat sich eine Art Wulst ergeben. Diesen kannst du nun flach bzw. zu einer Seite hin bügeln.
2. Wiederhole den Vorgang auch am Rückteil, sodass auf beiden Schnittteilen die Mitte durch die entstandene Naht betont wird.
3. Nun kannst du, wie gewohnt, die Schulternähte schließen, die Ärmel einsetzen und das T-Shirt dann an den Seiten und an den Ärmeln zusammennähen.
4. Der Beleg für den Halsausschnitt wird an den Schulternähten zusammengenäht und dann rechts auf rechts an das T-Shirt gesteckt. Nähe den Beleg fest. An der Spitze des Vs kannst du durch beide Stofflagen einen kleinen Einschnitt bis kurz vor die Naht machen, dann formt sich die Spitze beim Wenden im nächsten Schritt schöner aus. (Vgl. auch Modell PHOENIX.)

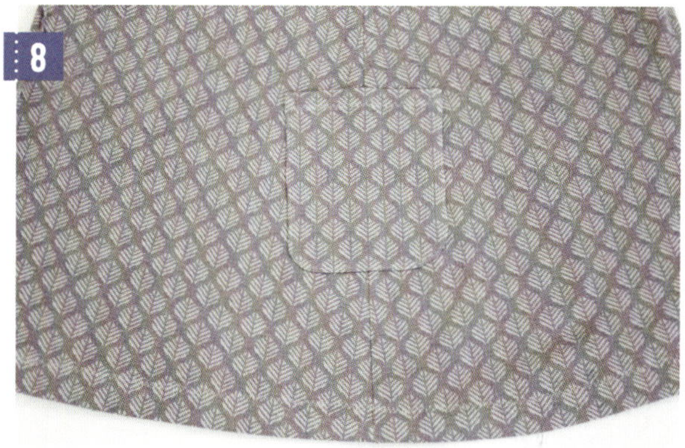

5. Stülpe jetzt den Beleg nach innen und bügle die Ausschnittkante ordentlich zurecht. Jetzt kannst du den Beleg noch an den Schulternähten oder rundherum an seiner Außenkante am T-Shirt fixieren. Eine detailliertere Anleitung zum Konstruieren und Verarbeiten von Halsausschnittbelegen findest du übrigens auf Seite 42.
6. Säume das T-Shirt, z. B. wie hier mit einem einfachen Umschlagsaum. Ich verwende dazu gern einen elastischen Zierstich, du könntest auch eine Zwillingsnadel benutzen.
7. Auch die Ärmelsäume werden in Breite der Saumzugabe nach innen eingeschlagen und mit elastischem Stich festgenäht.
8. Die Taschen werden auf Höhe der Markierungen am Schnittmuster angesteckt, allerdings nicht am Vorderteil, sondern mittig über den Seitennähten. Natürlich kannst du das T-Shirt jetzt auch anprobieren und ausprobieren, welche Taschenposition dir am besten gefällt. Genaueres zum Aufnähen von Taschen kannst du übrigens auf Seite 56 nachlesen.

Wien

Der gewickelte Ausschnitt ist ein besonderer Hingucker und dabei gar nicht schwer zu nähen. Auch bei einfarbigen Stoffen kommt der Ausschnitt gut zur Geltung. Für mehr Kontrast nähe die Halseinfassung aus einem zweiten Stoff oder verwende unterschiedliche Stoffe für die beiden Vorderteile.

- V-Ausschnitt in Wickeloptik
- kurze Ärmel
- gerader Saum

Du brauchst:

- gemusterten Jersey: 160–230 cm
- Schnittteile 2, 3, 6

Zuschneiden:

AUS HAUPTSTOFF:

- 2 x gegengleich Schnittteil 3 (Vorderteil) mit V-Ausschnitt und Überlappung für das Wickelshirt, mit geradem Saum, am Halsausschnitt ohne Nahtzugabe, an den Seiten und Armausschnitten mit Nahtzugabe, am Saum mit Saumzugabe zuschneiden
- 1 x Schnittteil 2 (Rückteil) mit Rundhalsausschnitt und geradem Saum, am Halsausschnitt ohne Nahtzugabe, an den Seiten und Armausschnitten mit Nahtzugabe, am Saum mit Saumzugabe, im Stoffbruch zuschneiden
- 2 x gegengleich Schnittteil 6 (Ärmel) als kurze Ärmel, an der Unterkante ohne Saumzugabe, an den Seiten und der Armkugel mit Nahtzugabe zuschneiden
- 1 Streifen, 3,5–4 cm hoch, in der Länge der zusammengenähten Halsausschnittkante x 0,9 plus Nahtzugabe
- 2 Streifen, 3,5–4 cm hoch, in der Länge des Ärmelsaums x 0,85–0,9 plus Nahtzugabe

So geht's

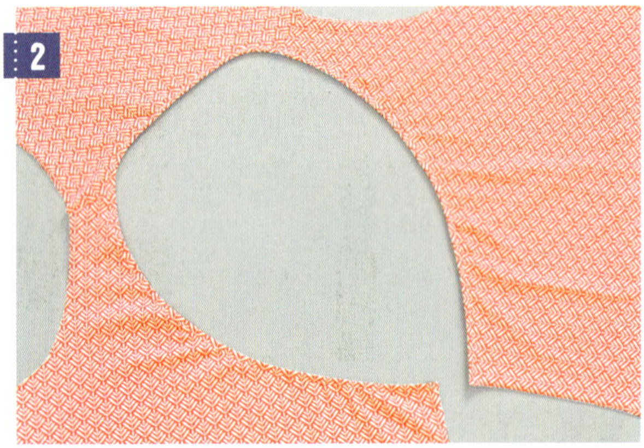

1. Als Erstes nähe die Vorderteile an den Schulterlinien rechts auf rechts an das Rückteil. Die Nahtzugaben bügle zum Rückteil hin.
2. Klappe die Schnittteile auseinander und versäubere die gesamte Halsausschnittkante (Vorderteile und Rückteil) mit einem durchgehenden Einfassstreifen (siehe S. 40). Alternativ könntest du auch ein schmales Bündchen annähen.
3. Nähe die Ärmel in die Armausschnitte, wie auch auf Seite 31 beschrieben.
4. Klappe dann das T-Shirt rechts auf rechts zusammen, sodass Ärmel- und Seitennähte geschlossen werden können. Die Vorderteile überlappen einander dabei. Je nach deiner persönlichen Vorliebe kann das rechte oder das linke Vorderteil oben liegen. Nähe nun das T-Shirt an den Ärmelseiten und an den Seiten des Rückteils und der Vorderteile durch alle Stofflagen zusammen.

Tipp

Wenn dir die doppelte Stofflage am Vorderteil für ein sommerliches T-Shirt zu warm ist, kannst du auch eine Teilungsnaht einfügen und die Überlappung nur im oberen Bereich nähen. Miss dafür von deiner Schulter über deine Brust bis unterhalb des Brustansatzes bzw. bis zur gewünschten Stelle. Wenn du schon ein Basic-Shirt nach dem Schnittmuster in diesem Buch genäht hast, kannst du auch dieses anziehen und die passende Höhe markieren. In der entsprechenden Entfernung – wieder von der Schulter nach unten gemessen – teile Schnittteil 3 mit einer zur vorderen Mitte waagerechten Linie. Den oberen Teil schneide gegengleich mit Überlappung zu, den unteren lege beim Zuschneiden mit der vorderen Mitte an den Stoffbruch. Nach Schritt 2 in der Anleitung oben nähe das gewickelte Oberteil rechts auf rechts überlappend an das untere Teil des Vorderteils. Danach folge der Anleitung weiter ab Schritt 3.

5. Die Ärmelsäume werden mit Einfassstreifen aus Jersey versäubert. Stattdessen könntest du auch hier wieder ein schmales Bündchen verwenden.
6. Das T-Shirt muss nun noch gesäumt werden. Ein einfacher Umschlagsaum eignet sich gut. Wegen der zwei Stofflagen, die am Vorderteil übereinanderliegen, wäre ein Einschlag-Umschlag-Saum eventuell zu wuchtig. Ich habe hier mit der Zwillingsnadel genäht, du könntest auch einen elastischen Zierstich oder Zickzackstich benutzen.
7. Zuletzt kannst du die Ausschnittkanten dort, wo sie aufeinandertreffen und das V bilden, von der linken Stoffseite her noch mit ein paar Handstichen aufeinander fixieren. Achte dabei darauf, dass die Naht auf der Vorderseite nicht sichtbar ist. Dies verhindert dann, dass der Wickelausschnitt beim Tragen verrutscht oder aufklafft.

Tipp

Toll sieht es auch aus, wenn der Saum hinten ein paar Zentimeter länger als vorn ist. Dafür schneide das Rückteil einfach um das gewünschte Maß länger als das Vorderteil zu. Achte darauf, dass die Schlitzmarkierungen an Vorder- und Rückteil auf derselben Höhe liegen.

Marseille

Ein klassisches gestreiftes T-Shirt mit U-Boot-Ausschnitt passt immer zum maritimen Look. Durch die frischen Farben wirkt dieses Modell besonders sommerlich.

- U-Boot-Ausschnitt
- Halsausschnitt mit Beleg
- ¾-Ärmel
- gerader Saum mit seitlichen Schlitzen

Du brauchst:

- (Streifen-)Jersey: 130–160 cm
- Rest einfarbigen Jersey für den Beleg: ca. 50 x 20 cm
- leichte, bi-elastische Einlage, z. B. Vlieseline G 785: ca. 50 x 20 cm
- Schnittteile 4, 5, 6

Zuschneiden:

AUS HAUPTSTOFF:

- Je 1 x Schnittteil 4 (Vorderteil) und Schnittteil 5 (Rückteil) mit U-Boot-Ausschnitt und geradem Saum im Stoffbruch zuschneiden; am Halsausschnitt, den Seiten und den Armausschnitten Nahtzugaben, am Saum Saumzugaben hinzufügen. Achtung: Bei Vorder- und Rückteil musst du an der Seitennaht am unteren Ende für den Schlitz eine breitere Nahtzugabe hinzufügen – eine genaue Erklärung findest du bei Schritt 1 in der folgenden Schritt-für-Schritt-Anleitung
- 2 x gegengleich Schnittteil 6 als ¾-Arm mit Saumzugabe an der Unterkante und Nahtzugaben an den Seiten und der Armkugel zuschneiden

AUS BELEGSTOFF:

- Belege für den Halsausschnitt (2 cm breit) für Vorder- und Rückteil, Konstruktion siehe S. 42

AUS EINLAGE:

- Belege für den Halsausschnitt (2 cm breit) für Vorder- und Rückteil, Konstruktion siehe S. 42

So geht's

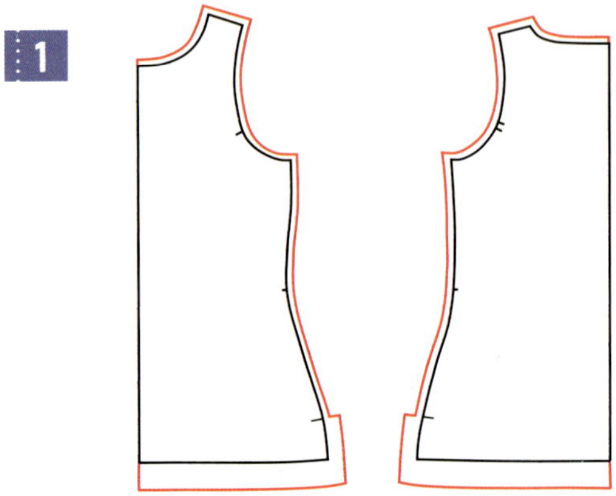

1. Überlege, wie lang der Schlitz an deinem T-Shirt werden soll; hier sind es 6 cm. Mach dir in diesem Abstand – vom Saum an der Seitenlinie nach oben gemessen – eine Markierung am Schnittmuster. Ab dieser Markierung bis zum Saum (Saumzugaben nicht vergessen) schneide mit doppelt breiter Nahtzugabe zu – bei einer Nahtzugabenbreite von 0,7 cm also mit 1,4 bzw. aufgerundet 1,5 cm Nahtzugabe. Übertrage dann die Markierung für den Schlitz auf den Stoff.
2. Nähe Vorder- und Rückteil an den Schultern zusammen und setze die Ärmel ein, wie ausführlich auf Seite 31 erklärt.
3. Jetzt schließt du die Ärmelnaht und die Seitennaht an Vorder- und Rückteil – nähe hier aber nur bis ca. 1 cm vor die Schlitzmarkierung. Sichere das Nahtende, indem du die überstehenden Overlockfäden verknotest und dann mit einer Nadel in die Naht einziehst. (Vgl. Sichern der Fadenkette, S. 13.)
4. Bügle nun unterhalb des Schlitzbeginns die offenen Seitenkanten von Vorder- und Rückteil in der Breite der Nahtzugaben auseinander, auf die linke Stoffseite.
5. Jetzt schlägst du den Stoff entlang des Schlitzes nach innen ein, sodass er an die gebügelte Kante anstößt. Bügle noch einmal darüber, damit der Schlitz schön flach liegt, und stecke alles gut fest.
6. Nähe dann – hier verwendest du am besten den Geradstich der Haushaltsnähmaschine – die eingeschlagenen Kanten rund um den Schlitz fest.

7. Für den Saum bügle nun die versäuberte Unterkante in der Breite der Saumzugabe nach innen, zur linken Stoffseite hin. Direkt an den Schlitzen musst du die Saumzugabe seitlich eventuell leicht schräg nach innen einschlagen, damit der Saum nicht über den Schlitz hinaussteht.
8. Nähe jetzt den Saum jeweils zwischen den Schlitzen entlang der Unterkanten von Vorder- und Rückteil wie gewohnt fest. (Zum Säumen siehe auch Erklärung auf S. 43.) Optional kannst du nun noch den so entstandenen „Tunnel" seitlich mit einer kurzen elastischen Naht schließen.
9. Auch die Ärmel müssen noch gesäumt werden – hier habe ich ebenfalls einen einfachen Umschlagsaum gewählt.
10. Zum Schluss wird der Halsausschnitt mit Belegen versäubert. Wie das genau funktioniert, erfährst du auf Seite 42.

Tipp

Wäschegummi in vielen Variationen und Farben findest du im gut sortierten Kurzwarenhandel oder bei Anbietern von Nähzubehör für Dessous und Bademoden. Wenn du es weniger romantisch magst, kannst du anstelle von Spitzenband auch Falzgummi oder elastisches Paspelband verwenden, um Ausschnittkanten oder Säume einzufassen.

Caracas

Ein schlichtes Basic-T-Shirt kannst du mit kleinen Details wie einer Spitzenborte am Ausschnitt zu etwas Besonderem machen. Nähe ein romantisches Oberteil in Pastellfarben oder ein elegantes schwarzes Oberteil zum Ausgehen …

- tiefer Ausschnitt vorn
- tiefer Rückenausschnitt
- Halsausschnitt und Ärmelsäume mit Spitze
- kurze Puffärmel
- gerader Saum

Du brauchst:

- einfarbigen Jersey: 100–160 cm
- Gummiband mit Spitzenkante, z. B. Wäschegummi, 1–1,5 cm breit: ca. 2 m
- Schnittteile 1, 2, 7

Zuschneiden:

AUS HAUPTSTOFF:

- 1 x Schnittteil 1 (Vorderteil) mit tiefem Ausschnitt und geradem Saum im Stoffbruch zuschneiden; am Halsausschnitt, den Seiten und den Armausschnitten Nahtzugaben hinzufügen, am Saum Saumzugabe hinzufügen
- 1 x Schnittteil 2 (Rückteil) mit tiefem Rückenausschnitt und geradem Saum im Stoffbruch zuschneiden; am Halsausschnitt, den Seiten und den Armausschnitten Nahtzugaben hinzufügen, am Saum Saumzugabe hinzufügen
- 2 x gegengleich Schnittteil 7 (Puffärmel) mit Nahtzugaben zuschneiden

AUS GUMMIBAND:

- 1 x Streifen in der Länge des Halsausschnitts x 0,9 plus Nahtzugabe
- 2 x Streifen in der Länge des Ärmelsaums x 0,9 plus Nahtzugabe
- nach Wunsch 1 x Streifen in der Länge des T-Shirt-Saums x 0,9 plus Nahtzugabe

So geht's

1. Nähe Vorder- und Rückteil an einer Schulterlinie rechts auf rechts zusammen. Die andere Schulternaht schließe noch nicht. Stecke das Spitzenband rechts auf rechts bündig an der Ausschnittkante fest, mit der Spitze nach innen zeigend. Das Band muss dabei leicht gedehnt werden. Wie stark, hängt von der Elastizität des jeweiligen Bands ab. Du kannst auch auf einem Reststück deines Stoffs eine Probe machen. Alternativ kannst du auch beide Schulternähte schließen, das Wäschegummi zum Ring nähen und wie ein Bündchen annähen. An den Ärmeln dann ebenso.
2. Nähe das Spitzenband mit Zickzackstich fest. Achte darauf, neben, nicht auf dem Zierrand des Bands zu nähen, und versuche, einen möglichst gleichmäßigen Abstand zur Ausschnittkante einzuhalten.
3. Danach falte die Ausschnittkante mit dem angenähten Band nach hinten, zur linken Stoffseite hin, um und stecke sie rundherum (von der rechten Stoffseite aus) fest. Nähe die umgeklappte Ausschnittkante von vorn fest. Dazu benutze wieder den Zickzackstich. Auf der rechten Stoffseite ist jetzt der Spitzenrand schön zu sehen.
4. Nun kannst du auch die zweite Schulternaht schließen. Bügle die Nahtzugabe wieder zur Rückseite. Die Spitze sollte an der Naht flach liegen und auf gleicher Höhe zusammentreffen – am schönsten wird es, wenn du das Spitzenband mit ein paar Handstichen an der Nahtzugabe festnähst.

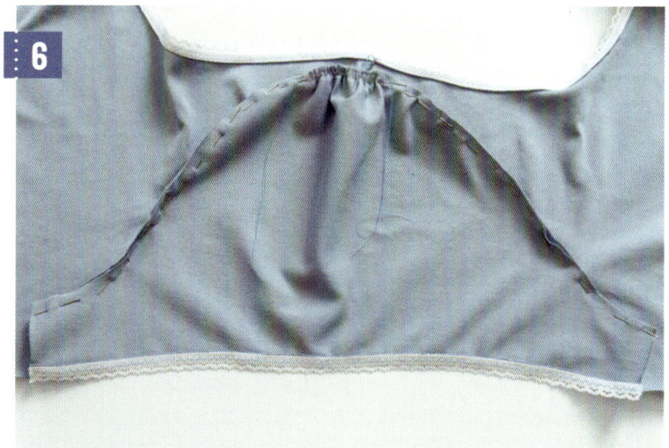

5. Bereite die Unterkanten der Ärmel vor, indem du auch hier – auf die eben beschriebene Art und Weise – das Spitzengummiband aufnähst. Die Armkugel muss eingekräuselt werden, damit der Puffärmel ins Armloch passt. Dazu habe ich hier zwischen den Pfeilmarkierungen zwei parallel liegende Kräuselfäden eingearbeitet (siehe dazu S. 52).
6. Stecke nun den Ärmel auf beiden Seiten rechts auf rechts bis jeweils zum Beginn der Kräuselfäden an den Armausschnitt. Auch die Schultermarkierung am Ärmel stecke fest, auf die Schulternaht von Vorder- und Rückteil. Nun ziehe vorsichtig an den Kräuselfäden, bis der Stoff die passende Länge hat. Verteile die Kräuselung auf beiden Seiten des Ärmels gleichmäßig und stecke alles fest. Nähe dann den Ärmel am Armausschnitt an – ich nähe hier gern zuerst mit der Haushaltsnähmaschine, überprüfe, ob die Kräuselung schön gelungen ist, und versäubere die Naht dann mit der Overlockmaschine.
7. Anschließend kannst du das T-Shirt an den Ärmelunterseiten und den Seiten von Vorder- und Rückteil zusammennähen. Auch an den Ärmelnähten fixiere die Nahtzugaben mit ein paar Handstichen, sodass das Spitzenband schön flach liegt.
8. Zum Schluss säume das T-Shirt. Hier habe ich einen einfachen Umschlagsaum genäht, du könntest aber auch hier wieder Spitzenband aufnähen.

Odessa

Passen und andere angesetzte Schnittteile bieten eine tolle Möglichkeit, auch kleinere Stoffstücke oder Reste zu vernähen. Außerdem kannst du wunderbar mit Farben, Mustern und Kontrasten spielen.

- U-Boot-Ausschnitt und Ärmelsäume mit Einfassstreifen
- vorn und hinten Passe aus Kontraststoff
- vorn mitgefasstes Paspelband
- Fake-Knopfleiste
- halblange Ärmel
- geschwungener Saum mit Belegen

Du brauchst:

- einfarbigen Jersey: 80–150 cm
- gemusterten Jersey für die Passe und die Ärmel: 40–45 cm
- elastisches Paspelband: ca. 50 cm
- leichte, bi-elastische Einlage, z. B. Vlieseline G 785: ca. 20 cm
- Schnittteile: 6, 15, 17, 18, 19

Zuschneiden:

AUS HAUPTSTOFF:

- je 1 x Schnittteil 18 (vorderes Unterteil zur Passe) und Schnittteil 19 (hinteres Unterteil zur Passe) mit geschwungenem Saum, rundherum mit Nahtzugaben, (ohne Mehrweite) im Stoffbruch zuschneiden
- 1 Einfassstreifen für den Halsausschnitt, 3,5–4 cm breit, in der Länge des Halsausschnitts x 0,85–0,9 plus Nahtzugaben
- 2 Einfassstreifen für die Ärmelabschlüsse, 3,5–4 cm breit, in der Länge des Ärmelsaums x 0,85–0,9 plus Nahtzugaben
- für die Fake-Knopfleiste: 1 Streifen, 2,5–3 cm breit plus Nahtzugaben, in der Höhe der Passe

AUS KONTRASTSTOFF:

- je 1 x Schnittteil 15 (vordere Passe) und Schnittteil 17 (hintere Passe) mit U-Boot-Ausschnitt, rundherum außer am Halsausschnitt mit Nahtzugaben, im Stoffbruch zuschneiden
- 2 x gegengleich Schnittteil 6 (Ärmel) als halblange Ärmel, mit Nahtzugaben aber ohne Saumzugabe zuschneiden
- Saumbelege (3 cm breit) für Vorder- und Rückteil, Konstruktion siehe S. 42

AUS EINLAGE:

- Saumbelege (3 cm breit) für Vorder- und Rückteil, Konstruktion siehe S. 42

So geht's

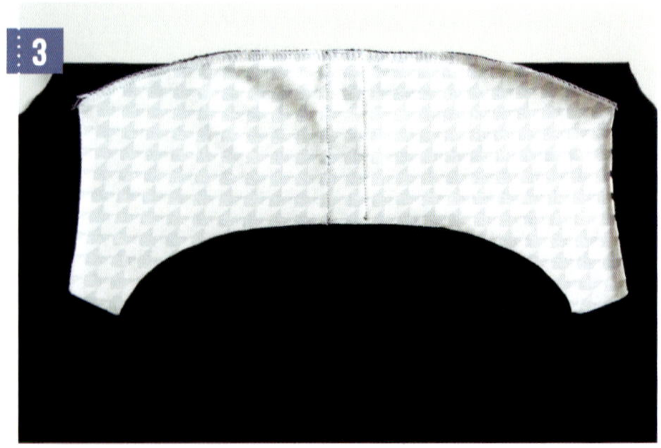

1. Die Nahtzugaben an den Längskanten der Fake-Knopfleiste bügle zur linken Stoffseite hin um; zuvor kannst du sie mit der Overlockmaschine versäubern. Stecke die Fake-Knopfleiste dann links auf rechts auf die vordere Passe, sodass sie genau mittig über der vorderen Mitte liegt. Wenn sie etwas zu lang ist, kürze sie entsprechend und nähe die Knopfleiste dann an den Längsseiten mit Geradstich fest.
2. Danach wird an die untere, leicht gebogene Kante der vorderen Passe mit elastischem Stich eine Paspel aufgenäht. Dabei zeigt der verdickte Teil der Paspel nach innen, zur Passe hin. Wenn du genauer nachlesen willst, wie du eine Paspel annähst, findest du auf Seite 54 eine Erklärung.
3. Dann steckst du die Passe rechts auf rechts auf das untere Vorderteil des T-Shirts. Achte darauf, dass die vordere Mitte von Passe und Unterteil jeweils aufeinandertreffen. Nähe die Passe erst mit der Haushaltsnähmaschine fest, danach kannst du die Naht mit der Overlockmaschine versäubern.
4. Die Nahtzugabe bügle anschließend zu einer Seite hin, z. B. nach oben, zur Passe. Das Paspelband ist nun zwischen den beiden Schnittteilen festgenäht.

5. Gehe nun mit der hinteren Passe und dem unteren Rückteil ebenso vor, nähe also wieder die Passe an das Unterteil. Hier habe ich keine Paspel zwischengefasst. Anschließend kannst du das T-Shirt zusammennähen, wie auf Seite 30 erklärt.
6. Der Halsausschnitt wird mit einem Jerseystreifen eingefasst. Eine Anleitung dazu findest du auf Seite 40. Nun kannst du die Zierknöpfe gleichmäßig platzieren und per Hand an der Knopfleiste festnähen.
7. Versäubere auch die Armabschlüsse mit Einfassstreifen aus Jersey – alternativ könntest du auch schmale Bündchen annähen.
8. Der geschwungene Saum wird mit Belegen verarbeitet (siehe dazu S. 42), alternativ würde hier auch eine Einfassung mit einem Jerseystreifen gut zum restlichen T-Shirt passen.

Tipp

Je nachdem, welchen Stoff du für die Passe und die Ärmel wählst, erhält das T-Shirt einen ganz anderen Look. Du kannst z. B. auch leicht transparenten Stoff oder Spitze verwenden – achte aber darauf, dass der Stoff elastisch ist. Wenn du es schlichter magst, verwende für alle Schnittteile denselben Stoff, setze aber durch die Farbe der Paspel und der Knöpfe Akzente.

Tipp

Vorder- und Rückteil wurden für eine legerere Passform beim hier abgebildeten T-Shirt etwas weniger stark tailliert zugeschnitten (siehe Schnittmuster anpassen, Seite 17).

Kopenhagen

Das sportlich-maritime T-Shirt bietet zahlreiche Details – Applikation, Ellbogenpatches, kontrastfarbige Bündchen – und bleibt dennoch schlicht und perfekt kombinierbar. Ein Lieblingsshirt für alle Freizeitaktivitäten!

- tiefer Ausschnitt
- Halsbündchen mit abgedeckter Ansatznaht
- Applikation
- Ellbogenpatches
- lange Ärmel mit Ärmelbündchen
- gerader Saum

Du brauchst:

- einfarbigen Jersey: 140–165 cm
- Bündchenware: ca. 30 cm
- Stoffrest für Applikation und Ellbogenpatches: ca. 30 x 35 cm
- doppelseitiges Klebevlies, z. B. Vliesofix: ca. 30 x 35 cm
- Schnittteile: 1, 2, 6, 10

Zuschneiden:

AUS HAUPTSTOFF:

- je 1 x Schnittteil 1 (Vorderteil) mit tiefem Ausschnitt und 1 x Schnittteil 2 (Rückteil) mit Rundhalsausschnitt, rundherum mit Nahtzugaben außer am Halsausschnitt, am Saum mit Saumzugabe, im Stoffbruch zuschneiden.
- 2 x gegengleich Schnittteil 6 (Ärmel), am Saum um die halbe Höhe des Bündchens (ca. 5 cm) gekürzt, rundherum mit Nahtzugaben zuschneiden; die Position der Ellbogenpatches markieren

AUS BÜNDCHENWARE:

- 1 Streifen, 4–4,5 cm hoch, in der Länge des Halsausschnitts x 0,8–0,9 plus Nahtzugabe
- 2 x Schnittteil 10 (Ärmelbündchen für lange Ärmel) mit Nahtzugaben an allen Seiten
- 1 gleichschenkliges Dreieck (ca. 4 cm breit und 5 cm hoch) für die Applikation

AUS KONTRASTSTOFF/STOFFREST:

- 2 x Ovale für die Ellbogenpatches (von Schnittteil 6 abpausen) ohne Nahtzugaben
- Applikation nach Wahl (Schriftzug)
- 1 Streifen für die Abdeckung des Halsbündchens, 2–2,5 cm hoch, in der Länge des hinteren Halsausschnitts von Schulternaht zu Schulternaht plus 1 cm

So geht's

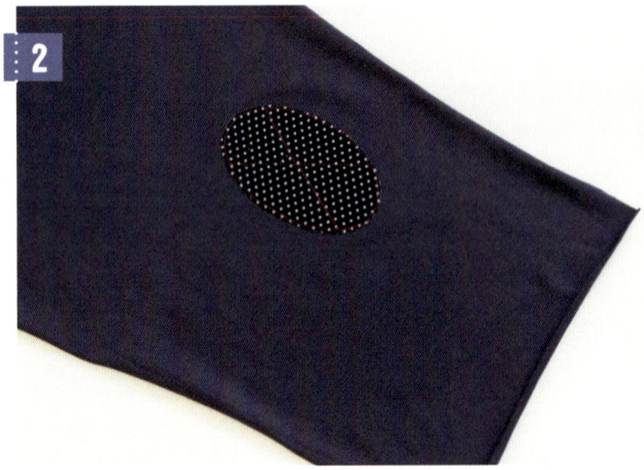

1. Bringe am Vorderteil die Applikation an. Hier habe ich einen Schriftzug im unteren Bereich des T-Shirts appliziert und außerdem am Halsausschnitt ein kleines Dreieck, wie man es oft bei sportlichen T-Shirts und Pullis findet, aufgenäht. Die Mitte des kleinen Dreiecks liegt über der vorderen Mitte des T-Shirt-Vorderteils. Denke beim Platzieren des Schriftzugs daran, dass das T-Shirt später noch gesäumt wird und sich die Applikation nicht zu tief unten befinden darf. Genaueres zum Applizieren findest du auf Seite 53.
2. Die Ellbogenpatches werden anhand der Markierungen am Schnittmuster auf den Ärmeln platziert und sehr gut festgesteckt oder ebenfalls mit Klebevlies aufgebügelt. Am Außenrand werden die Ellbogenpatches festgenäht, hierzu kannst du den Zickzackstich oder einen Zierstich verwenden oder auch den Geradstich. Du könntest die Ellbogenpatches auch noch im Inneren festnähen, z. B. mit einem dekorativen Kreuz.
3. Nun kannst du die vorbereiteten Schnittmusterteile zum T-Shirt zusammensetzen. Wie das geht, kannst du auf Seite 30 nachlesen.
4. Die Ärmelbündchen werden angenäht, wie ausführlich auf Seite 33 erklärt.

5

6

5. Der Halsausschnitt wird mit einem Bündchen versäubert – auf Seite 32 findest du eine genaue Anleitung dazu. Anschließend kannst du die Ansatznaht des Bündchens am Rückteil noch mit einem Jerseystreifen abdecken – lies dazu auf Seite 40 nach.
6. Dein T-Shirt ist schon fast fertig, es fehlt nur mehr der Saum. Hier habe ich wieder den bewährten einfachen Umschlagsaum gewählt.

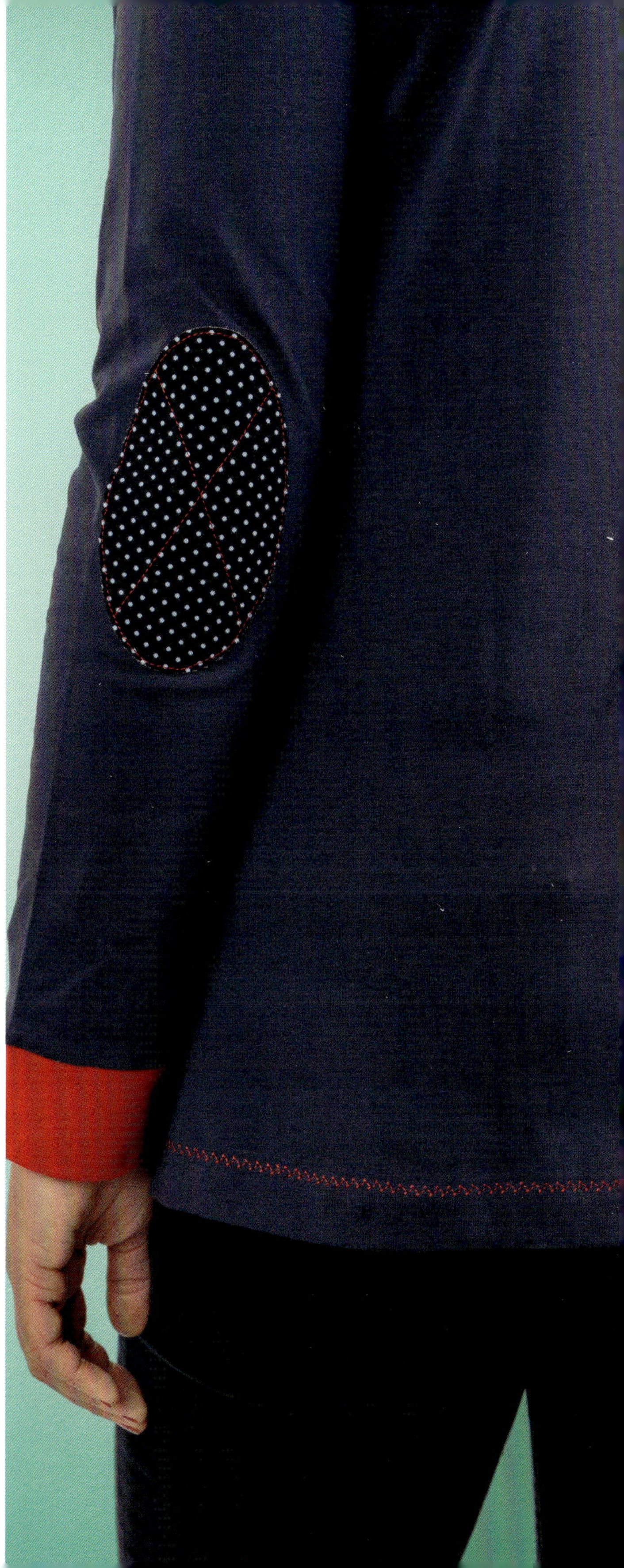

Delhi

Ein luftiges Modell für heiße Sommertage, das du auch zum Kleid verlängern könntest. Die eingekräuselte Mehrweite sorgt für eine bequeme Passform.

- Rundhalsausschnitt mit innen liegendem Einfassstreifen
- vorn und hinten Passe aus Kontraststoff
- ärmellos
- eingekräuselte Mehrweite unterhalb der vorderen Passe
- geschwungener Saum mit Belegen
- Longshirt

Du brauchst:

- einfarbigen Jersey: 80–150 cm
- gemusterten Jersey für die Passe, die Tasche und die Einfassstreifen: ca. 40 cm
- leichte, bi-elastische Einlage, z. B. Vlieseline G 785: ca. 20 cm
- optional: Framilonband, ca. 50 cm
- Schnittteile 13, 14, 16, 18, 19

Zuschneiden:

AUS HAUPTSTOFF:

- 1 x Schnittteil 18 (vorderes Unterteil zur Passe) mit Mehrweite, geschwungenem Saum, rundherum mit Nahtzugaben, im Stoffbruch zuschneiden; vordere Mitte markieren, ebenso Markierungen für die aufgesetzte Tasche übernehmen
- 1 x Schnittteil 19 (hinteres Unterteil zur Passe) mit geschwungenem Saum, rundherum mit Nahtzugaben, im Stoffbruch zuschneiden; hintere Mitte markieren
- Saumbelege (3 cm breit) für Vorder- und Rückteil, Konstruktion siehe S. 42

AUS KONTRASTSTOFF:

- 1 x Schnittteil 14 (vordere Passe) mit Rundhalsausschnitt, ärmellos, rundherum mit Nahtzugaben, im Stoffbruch zuschneiden, vordere Mitte markieren
- 1 x Schnittteil 16 (hintere Passe) mit Rundhalsausschnitt, ärmellos, rundherum mit Nahtzugaben, im Stoffbruch zuschneiden, hintere Mitte markieren
- 1 x Schnittteil 13 (aufgesetzte Tasche), rundherum mit Nahtzugaben
- 1 Streifen, 3 cm hoch, in der Länge des Halsausschnitts x 0,9 plus Nahtzugabe
- 2 Streifen, 3 cm hoch, in der Länge der Ärmelausschnitte x 0,9 plus Nahtzugabe

So geht's

1

3
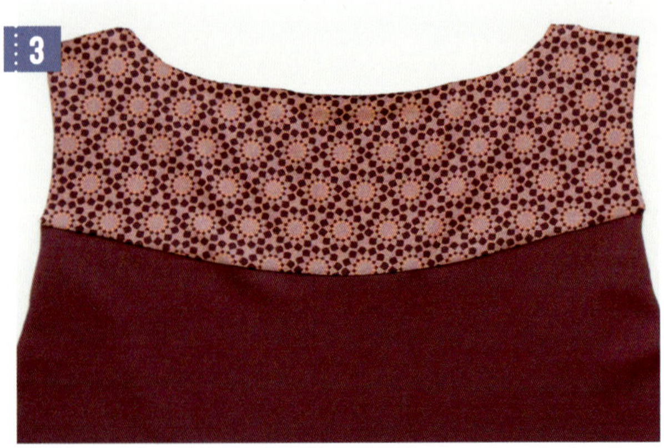

2

4

1. Das vordere Unterteil muss auf die Breite der Passe eingekräuselt werden. Dabei kannst du mit Kräuselfäden arbeiten oder Framilonband verwenden (siehe S. 52). Es ist möglich die Kräuselung über die gesamte Strecke gleichmäßig zu verteilen oder eher mittig zu konzentrieren, dann werden die Kräusel dort dichter.
2. Stecke nun vorderes Unterteil und Passe rechts auf rechts aufeinander, achte darauf, dass die vordere Mitte jeweils aufeinander trifft. Nähe die beiden Schnittteile zuerst mit der Haushaltsnähmaschine mit Zickzackstich zusammen. Kontrolliere, ob die Kräuselung schön gleichmäßig und ohne Falten liegt. Wenn alles geklappt hat, versäubere die Naht vorsichtig mit der Overlockmaschine.
3. Auch die hintere Passe und das hintere Unterteil müssen zusammengesetzt werden. Hier wurde aber ohne Mehrweite zugeschnitten, das Kräuseln ist also nicht nötig.
4. Jetzt kannst du die Schulternähte schließen und das T-Shirt anschließend an den Seiten rechts auf rechts zusammennähen.

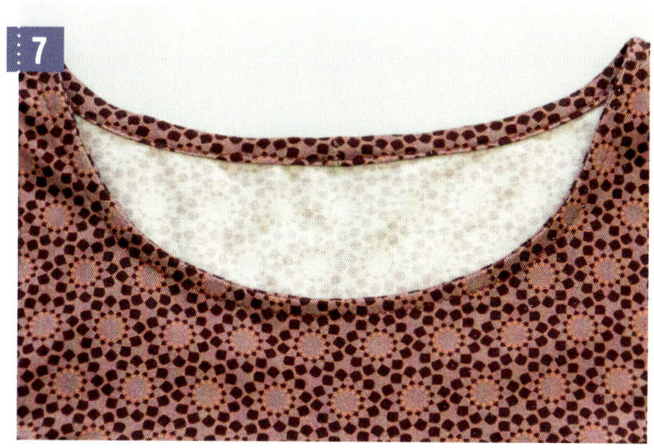

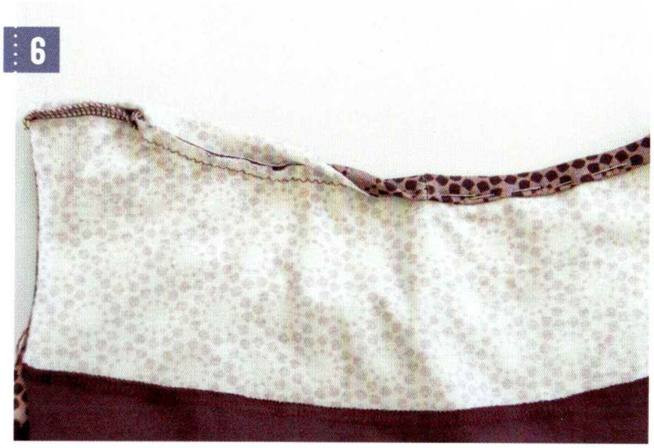

5. Nun wird der Halsausschnitt mit einem Einfassstreifen so versäubert, dass dieser am Ende komplett im Inneren liegt. Dafür schließe den Einfassstreifen an der kurzen Seite zum Ring und stecke ihn dann leicht gedehnt rechts auf rechts bündig an den Halsausschnitt. Die (auseinander gebügelte) Naht des Einfassstreifens liegt über der hinteren Mitte. Nähe den Jerseystreifen füßchenbreit (etwa im Abstand von 0,7–1 cm) fest.
6. Schlage dann den Einfassstreifen bis zum Ansatz der eben gemachten Naht nach innen. Danach klappe ihn ein zweites Mal zur linken Stoffseite hin ein und falte dabei auch die Nahtzugabe nach innen. Stecke alles gut fest.
7. Nähe den umgefalteten Jerseystreifen nun rundherum fest, am besten mit dem Zickzackstich.
8. Die Armausschnitte werden auf dieselbe Weise mit innen liegenden Einfassstreifen versäubert. Schließe auch hier die Jerseystreifen zuerst zum Ring und stecke und nähe sie, wie in Schritt 5–7 erklärt, fest.

Tipp

Für eine lockerere Passform schneide hinten unterhalb der Passe mit Mehrweite zu und kräusle diese ein. Wenn du es schlichter magst, kannst du beispielsweise auf den Kontraststoff verzichten und alle Schnittteile aus demselben einfarbigen oder gemusterten Jersey zuschneiden. Auch mit Ärmeln sieht das Modell gut aus!

9. Der Saum des Longshirts wird mit Belegen versäubert (siehe auch S. 42.) Die mit Bügeleinlage verstärkten Belegschnittteile werden zuerst an den Seiten rechts auf rechts zusammengenäht. Die Oberkante kannst du (mit der Overlockmaschine) versäubern. Dann stecke und nähe den Streifen rechts auf rechts an die Unterkante des Shirts.
10. Klappe den angenähten Beleg nun nach innen und bügle die Saumkante zurecht. Dann wird die Oberkante des Belegs am Saum des T-Shirts festgenäht. Hierzu verwende ich gern einen elastischen Zierstich, du kannst aber auch den (Dreifach-) Zickzackstich benutzen oder mit der Zwillingsnadel arbeiten.
11. Zuletzt wird noch eine Tasche aufgenäht. Versäubere diese zuerst rundherum und nähe die umgeschlagene Oberkante fest. Bügle die Nahtzugaben nach innen und nähe die Tasche anhand der Markierung auf dem Schnittmuster – oder an einer von dir gewünschten Stelle, z. B. über einer Seitennaht – fest. Natürlich kannst du auch rechts und links eine Tasche aufnähen. Auf Seite 56 erfährst du Genaueres zum Aufnähen von Taschen.

Jakarta

Ein hübsches Shirt mit vielen verspielten Details – diese kommen vor allem bei einfarbigen Stoffen gut zur Geltung. Nähe dir eins in jeder Lieblingsfarbe …

- tiefer Ausschnitt
- am Ausschnitt eingekräuselte Mehrweite
- kurze Puffärmel
- Rollbündchen
- Halsbündchen mit abgedeckter Ansatznaht
- Detail aus Webband-Rest
- gerader Saum

Du brauchst:

- einfarbigen Jersey: 120–160 cm
- kontrastfarbigen Single-Jersey für die Rollbündchen: 15–20 cm
- evtl. Framilonband, alternativ arbeite mit Kräuselfäden
- optional: ein kleines Stück Webband
- Schnittteile 1, 2, 7

Zuschneiden:

AUS HAUPTSTOFF:

- 1 x Schnittteil 1 (Vorderteil) mit Mehrweite, tiefem Ausschnitt und geradem Saum im Stoffbruch zuschneiden, am Halsausschnitt ohne Nahtzugabe, an den Seiten und Armausschnitten mit Nahtzugabe, am Saum mit Saumzugabe
- 1 x Schnittteil 2 (Rückteil) mit Rundhalsausschnitt und geradem Saum im Stoffbruch zuschneiden, am Halsausschnitt ohne Nahtzugabe, an den Seiten und Armausschnitten mit Nahtzugabe, am Saum mit Saumzugabe
- 2 x gegengleich Schnittteil 7 (Puffärmel) als kurze Ärmel zuschneiden, an den Seiten und der Armkugel mit Nahtzugabe, am unteren Ärmelrand ohne Saumzugabe

AUS KONTRASTSTOFF (SINGLE-JERSEY)

- 1 Streifen, 2 cm hoch, in der Länge des bereits eingekräuselten Halsausschnitts x 0,85–0,9 plus Nahtzugabe
- 1 Streifen, 3 cm hoch, in der Länge des bereits eingekräuselten Halsausschnitts x 0,85–0,9 plus Nahtzugabe
- 2 Streifen, 2 cm hoch, in der Länge des unteren Ärmelumfangs x 0,9 plus Nahtzugabe
- 2 Streifen, 3 cm hoch, in der Länge des unteren Ärmelumfangs x 0,9 plus Nahtzugabe

So geht's

1. Beginne damit, am Halsausschnitt des Vorderteils die Mehrweite auf die Weite des normalen Halsausschnitts (vergleiche mit dem Papierschnittmuster) einzukräuseln. Mehr zu den unterschiedlichen Möglichkeiten des Kräuselns kannst du auf Seite 52 und auch bei Modell MÁLAGA nachlesen.
2. Nun schließe die Schulternähte, damit die Ärmel eingesetzt werden können. Da es sich um Puffärmel handelt, musst du die Ärmel zunächst auf der Strecke zwischen den im Schnittmuster mit Pfeilen markierten Punkten einkräuseln, damit die Ärmel in die Ärmelkugel passen. Du kannst auch hier mit Kräuselfäden oder mit Framilonband arbeiten. Dann stecke die Ärmel rechts auf rechts an den Armausschnitt und nähe sie mit elastischer Naht fest.
3. Hier habe ich als hübsches Detail ein kleines Stück Webband in einer der Seitennähte mitgefasst. Dafür falte ein ca. 3 cm langes Stück Webband links auf links zusammen und stecke es ca. 9 cm oberhalb des Saums so an die Seite des Vorderteils, dass die Schlaufe, die das Webband bildet, nach innen, zur T-Shirt-Mitte hin, zeigt.
4. Nun kannst du das T-Shirt rechts auf rechts an den Ärmeln und den Seiten mit elastischer Naht zusammennähen, wie auf Seite 30 beschrieben. Dabei wird das Webband-Stück mitgefasst.

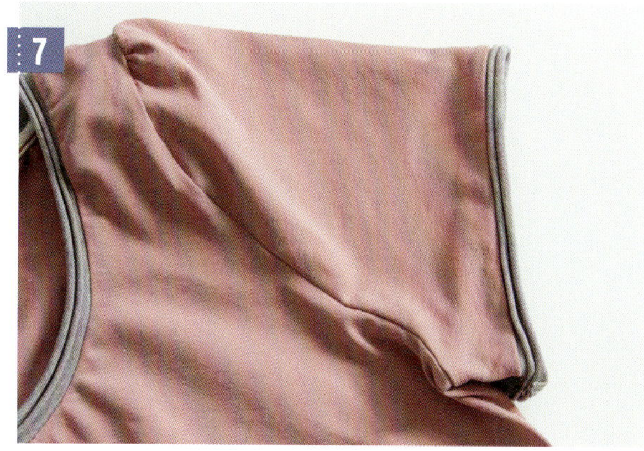

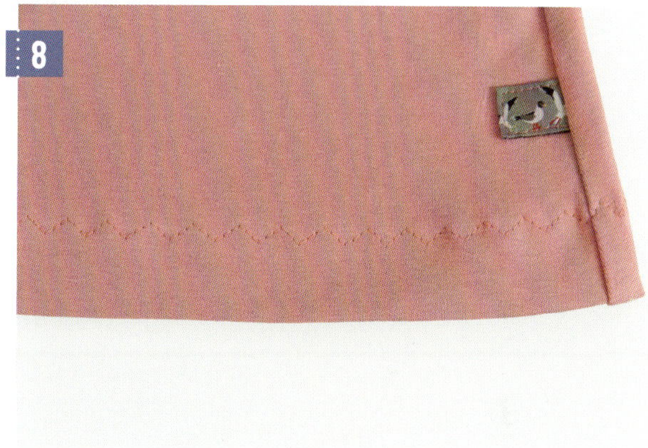

5. Wende das T-Shirt nun – jetzt kannst du das Webband als Schlaufe nach außen stehen lassen oder es, wie hier, am Vorderteil festnähen.
6. Schließe die Versäuberungsstreifen für den Halsausschnitt rechts auf rechts an den kurzen Seiten zu Ringen und stecke dann zuerst den 2 cm hohen, danach den 3 cm hohen, gleichmäßig gedehnt am Halsausschnitt fest. Die Naht, mit der die Streifen zum Ring geschlossen wurden, liegt über der hinteren Mitte. Nähe dann beide Streifen gleichzeitig fest. Eine genauere, bebilderte Anleitung dazu findest du auch auf Seite 38. Hier habe ich die Ansatznaht der Rollbündchen noch mit einem Jerseystreifen verdeckt – wie das geht, steht auf Seite 35.
7. Die Ärmelsäume werden ebenfalls mit Rollbündchen versäubert.
8. Zum Schluss wird das T-Shirt noch gesäumt, hier wieder mit dem bewährten einfachen Umschlag-saum. Du könntest aber auch am Saum noch einmal Rollbündchen annähen oder das Shirt mit einem Hüftbündchen abschließen.

Tipp

Spannend sieht es auch aus, wenn du für die Streifen, aus denen die Rollbündchen genäht werden, zwei verschiedene Jerseys in unterschiedlichen Farben verwendest.

Havanna

Das Longshirt mit reizvollen Details macht sich gut über Jeans oder Leggins, wird aber auch gern mal als Strandtunika ausgeführt. Die Raffungen, die ein besonderes Highlight setzen, kannst du natürlich auch an anderen Modellen arbeiten.

- V-Ausschnitt mit überlappenden Halsbündchen
- Raffung am V-Ausschnitt
- Raffung an den Seitennähten
- halblange Ärmel
- Longshirt
- gerader Saum

Du brauchst:

- gemusterten Jersey: 140–200 cm
- Bündchenware oder Jersey: ca. 20 cm
- Framilonband oder schmales, nicht zu dickes Gummiband, 10–15 cm
- Schnittteile 2, 3, 6

Zuschneiden:

AUS HAUPTSTOFF:

- 1 x Schnittteil 3 (Vorderteil) mit V-Ausschnitt, in Longshirt-Länge mit geradem Saum im Stoffbruch zuschneiden; am Halsausschnitt, den Armausschnitten und den Seiten Nahtzugaben sowie am Saum Saumzugabe hinzufügen, die vordere Mitte markieren
- 1 x Schnittteil 2 (Rückteil) mit Rundhalsausschnitt, in Longshirt-Länge mit geradem Saum im Stoffbruch zuschneiden; am Halsausschnitt, den Armausschnitten und den Seiten Nahtzugaben sowie am Saum Saumzugabe hinzufügen
- 2 Rechtecke, 6,5 cm breit und 23 cm hoch
- 2 Jerseystreifen, ca. 3 cm hoch und jeweils 70–80 cm lang

AUS BÜNDCHENWARE ODER JERSEY:

- 1 Streifen, 4 cm hoch, in der Länge des Halsausschnitts x 0,8–0,85 plus Nahtzugabe. Die hintere Mitte (halbe Länge des Bündchens) markieren
- 2 Streifen, 4 cm hoch, in der Länge der Armausschnitte x 0,8–0,85 plus Nahtzugabe

So geht's

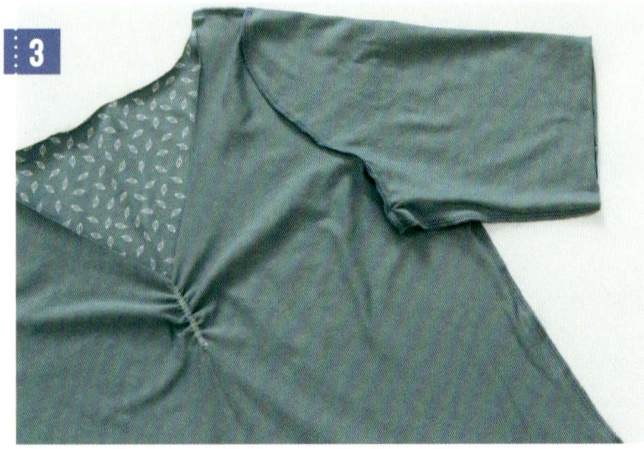

1. Beginne mit der Raffung am Halsausschnitt. Dafür miss auf der linken Stoffseite entlang der vorderen Mitte 10 cm nach unten und markiere diese Linie. Entlang dieser Linie steckst du nun das Framilonband bis zur Spitze des Vs fest, und zwar am Anfang und am Ende der Raffung jeweils ca. 1 cm lang ungedehnt. Beim Anstecken muss das Framilonband gedehnt werden, und zwar relativ stark, aber nicht bis zum Äußersten. Ich habe das Framilonband hier 6 cm lang zugeschnitten. Beim Anstecken kannst du kontrollieren, wie stark die Kräuselung wird und ob es dir anschließend so auch augefällt.
2. Nun wird das Framilonband von links festgenäht, am besten mit einem flachen Zickzackstich. Auf der Vorderseite wird die Raffung jetzt schön sichtbar.
3. Nähe Vorder- und Rückteil an den Schulterlinien zusammen und bügle die Nahtzugaben nach hinten. Setze die Ärmel in die Armausschnitte ein und schließe dann die Seitennähte von Ärmeln sowie Vorder- und Rückteil.
4. Bügle das Halsbündchen links auf links der Länge nach zur Hälfte. Die offenen Enden lege so übereinander, dass sie ein V bilden und die Endkante des einen Teils an die Seitenkante des anderen Teils stößt. Nähe die Enden an der Spitze mit Geradstich knappkantig zusammen.

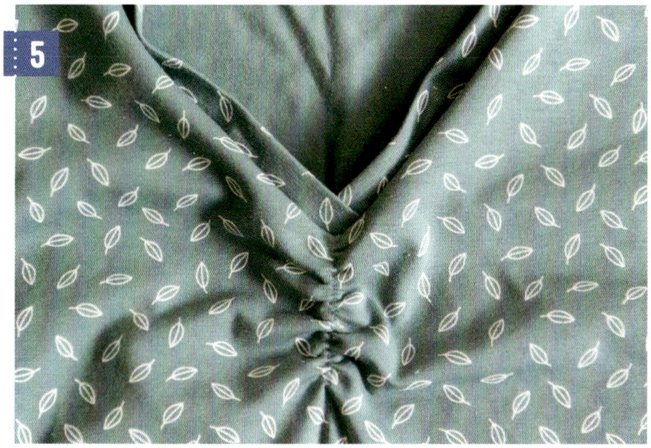

5. Jetzt wird das Bündchen an den V-Ausschnitt gesteckt und genäht. Dabei gehst du so vor, wie in der Anleitung auf Seite 36 ab Schritt 4 beschrieben. Zuerst wird das Bündchen also im Bereich der Spitze des V-Ausschnitts mit Geradstich fixiert.
6. Danach kannst du das Bündchen rundherum anstecken. Es ist hilfreich, es zuerst auf halber Länge über der hinteren Mitte mit einer Stecknadel zu fixieren. Dazwischen stecke und nähe das Bündchen dann leicht gedehnt an. Die Nahtzugaben bügle anschließend zum T-Shirt hin.
7. Die Armabschlüsse werden ebenso mit Bündchenstreifen versäubert. Schließe diese vorher rechts auf rechts an den kurzen Seiten zum Ring und falte sie links auf links auf halbe Höhe. Dann werden sie rechts auf rechts gleichmäßig gedehnt an die Ärmelsäume genäht. Die Nähte, mit denen die Bündchen zum Ring geschlossen wurden, treffen jeweils auf die Unterarmnaht.
8. Du kannst die Nahtzugaben der Bündchen an Halsausschnitt und Ärmelsäumen knappkantig absteppen. Dafür verwende einen schmal eingestellten Zickzackstich oder den Geradstich deiner Haushaltsnähmaschine.

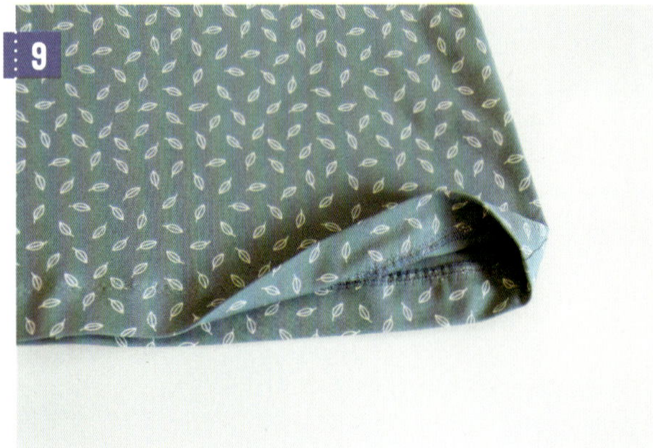

9. Schließlich wird das T-Shirt gesäumt, hier mit dem einfachen Umschlagsaum.
10. Nun werden die Raffungen an den Seitennähten gearbeitet. Bügle dafür alle Kanten der Rechtecke 0,7 cm breit zur linken Stoffseite hin. Bei Bedarf kannst du die Kanten vorher mit der Overlockmaschine versäubern. An einer der kurzen Kanten nähe die umgeschlagene Nahtzugabe fest.
11. Wende das T-Shirt und stecke ein Rechteck links auf links mittig über eine der Seitennähte. Die vorher festgenähte Kante liegt unten und schließt mit dem Saum ab. Nähe das Rechteck an den Seiten und oben mit dem Geradstich der Haushaltsnähmaschine fest. Eine zusätzliche Naht, die ca. 1,5 cm vor der oberen Kante endet, setze senkrecht in die Mitte des Rechtecks. Sichere das obere Nahtende gut. Wiederhole den Vorgang auf der anderen Seite des T-Shirts.
12. Nimm nun die 70–80 cm langen Jerseystreifen und ziehe an beiden Enden, damit diese sich einrollen und ein rundes Band entsteht. (Alternativ kannst du eine fertige Kordel oder ein Band deiner Wahl verwenden.) Jetzt müssen die Jerseystreifen U-förmig durch den Tunnel gezogen werden – das geht am einfachsten mithilfe einer Sicherheitsnadel.

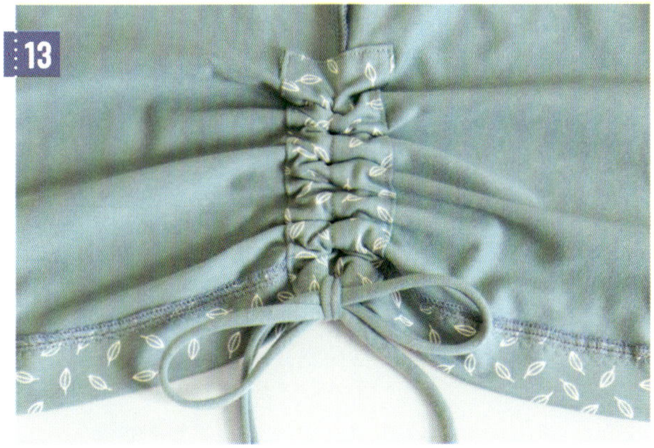

Tipp Die Rechtecke für den Tunnelzug, mit denen die seitlichen Raffungen gearbeitet werden, kannst du nach Belieben auch verlängern. Ähnliche Raffungen könntest du auch an Ärmelsäumen gegenüber der Seitennaht arbeiten. Alternativ kannst du solche Details auch mit Framilonband arbeiten.

13. Wenn du an den Jerseystreifen anziehst, wird der Stoff gerafft – wie stark die Raffung ausfällt, entscheidest du selbst. Um die Raffung haltbar zu machen, binde die Jerseybänder zur Schleife oder verknote sie. Die Enden der Jerseybänder kannst du nun bei Bedarf noch kürzen und mit einem Knoten sichern.

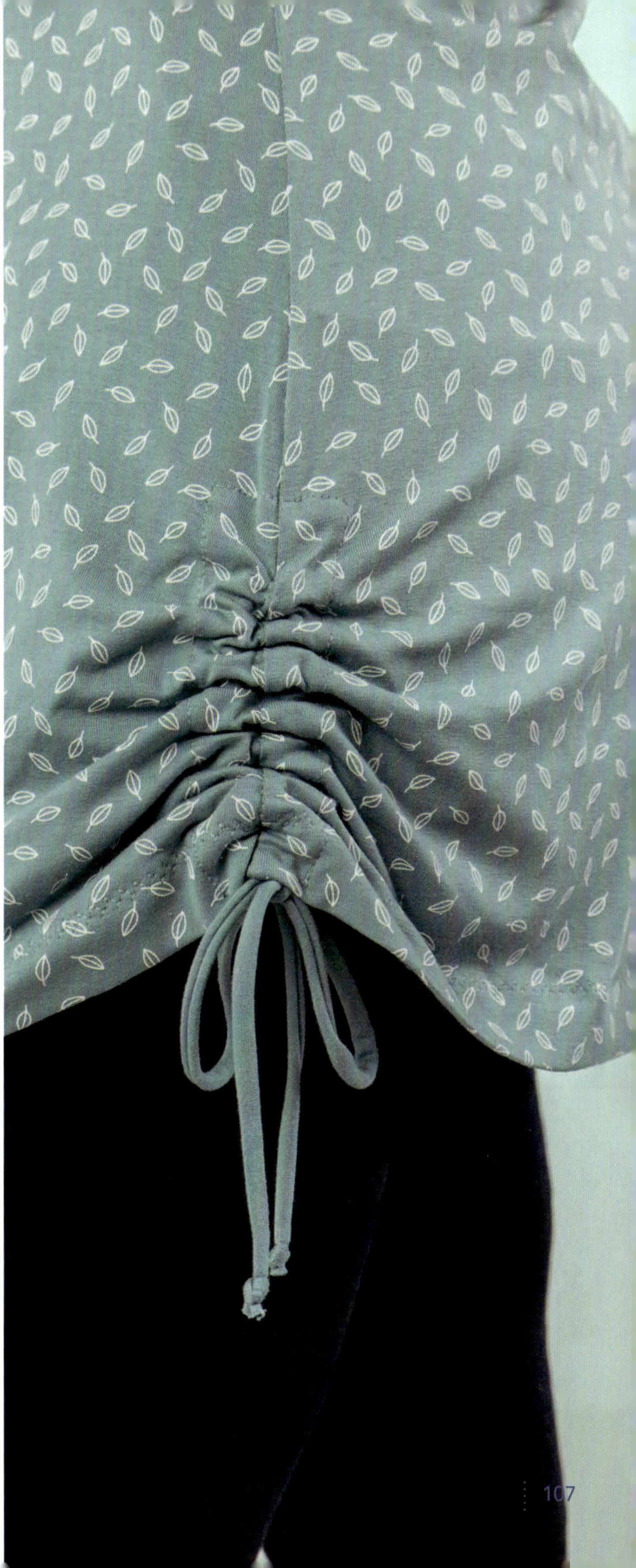

Venedig

Mit den vielen Details ist dieses Modell zwar etwas aufwendiger und schwieriger zu nähen, du erhältst dafür aber ein vielseitiges, klassisch-sportliches Lieblingsshirt.

- aufknöpfbare Knopfleiste
- ¾-Ärmel mit Riegeln
- eingefasster Rundhalsausschnitt
- asymmetrischer Saum

Du brauchst:

- gestreiften Jersey: 130–150 cm
- einfarbigen Jersey für die Knopfleiste, die Versäuberungsstreifen und die Riegel: ca. 30 cm
- einen Rest leichte, bi-elastische Einlage, z. B. Vlieseline G 785
- 7 Druckknöpfe oder Knöpfe mit ca. 1 cm Ø
- Schnittteile 1, 2, 6

Zuschneiden:

AUS HAUPTSTOFF:

- je 1 x Schnittteil 1 (Vorderteil) und Schnittteil 2 (Rückteil) mit asymmetrischem Saum im Stoffbruch zuschneiden, außer am Hals und am Saum überall Nahtzugaben hinzufügen
- 2 x gegengleich Schnittteil 6 (Ärmel) als ¾-Ärmel, überall Nahtzugaben hinzufügen, keine Saumzugaben

AUS KONTRASTSTOFF:

- 1 Streifen, 4 cm hoch, in der Länge des Halsausschnitts x ca. 0,85 plus großzügige Nahtzugaben
- 1 Streifen, 4 cm hoch, in der Länge des Saums x 0,9 plus Nahtzugabe
- 2 x rechteckige Belege für die Knopfleiste, 3 cm länger als die gewünschte Knopfleiste und 6 cm breit, hier 17,5 x 6 cm (zur Knopfleiste siehe S. 49)
- 2 x ein Rechteck mit 9,5 x 5 cm für die Riegel
- 2 x Streifen, 4 cm hoch, in der Länge des Ärmelsaums x 0,9 plus Nahtzugabe

AUS EINLAGE:

- 2 x Verstärkung für die Belge der Knopfleiste, jeweils genauso lang und halb so breit wie die Belege, hier je 17,5 x 3 cm
- 1 x Verstärkung für das untere Ende des Knopfleistenausschnitts, ca. 2 x 4 cm
- evtl. 2 x Verstärkung für die Riegel, halb so breit wie diese

So geht's

1

3

2

4

1. Als Erstes wird in das Vorderteil eine aufknöpfbare Knopfleiste genäht. Die Länge kannst du selbst bestimmen – hier ist die fertige Knopfleiste 14,5 cm lang und 2 cm breit. Ab Seite 49 im Grundlagenteil findest du eine ausführliche Anleitung, wie du beim Nähen der Knopfleiste vorgehst.
2. Schließe nun die Schulternähte und nähe die Ärmel ein. Nähe das T-Shirt auch an den Ärmeln und an den Seiten von Vorder- und Rückteil zusammen, wie auf Seite 31 erklärt.
3. Der Halsausschnitt wird mit einem Jerseystreifen versäubert (siehe S. 32). Nähe den Einfassstreifen rechts auf rechts mit Abstand 1 cm (= ¼ der Breite des Versäuberungsstreifens) gedehnt an den Halsausschnitt. Direkt über der Knopfleiste den Streifen nicht dehnen. Lass die Enden des Einfassstreifens an den Knopfleisten in der Breite der Nahtzugaben oder mehr überstehen – du kannst später kürzen.
4. Bügle den angenähten Jerseystreifen nach oben und falte ihn auf halber Höhe (2 cm) wieder nach unten (nach vorn, nicht um den Hauptstoff herum). Falte den Streifen nochmal 1 cm (= ¼ der Gesamtbreite) zurück. Nähe den Streifen durch alle Stofflagen mit Geradstich in einer senkrechten Naht zusammen. Achte dabei darauf, möglichst knapp neben der Knopfleiste zu nähen.

5. Jetzt kannst du die Nahtzugaben kürzen und das Ende des Versäuberungsstreifens umstülpen. Forme die Ecke schön aus und wiederhole den Vorgang am anderen Ende der Knopfleiste. Schlage den Streifen zwischen den Ecken rundherum nach innen ein. (Vgl. S. 40, Grundlagenteil, Einfassen mit Jerseystreifen, Schritt 3.)
6. Wenn der ganze Versäuberungsstreifen festgesteckt ist, nähe ihn rundherum am Halsausschnitt fest. Es sind jetzt keine offenen Kanten mehr zu sehen. An der fertigen Knopfleiste kannst du nun die Position der Knöpfe und Knopflöcher oder der Druckknöpfe bestimmen und diese anbringen.
7. Das Schwierigste ist geschafft, jetzt geht es weiter mit dem Saum. Dieser wird mit einem Jerseystreifen eingefasst. Die auführliche Anleitung dazu findest du auf Seite 40.
8. Jetzt werden die Riegel für die Ärmel vorbereitet. Dafür schneidest du zwei Rechtecke in 9,5 x 5 cm Größe zu. Vor allem wenn dein Stoff eher dünn ist, kannst du sie zur Hälfte mit Einlage verstärken. Falte sie anschließend längs zur Hälfte zusammen und nähe sie an einer der kurzen und an der offenen, langen Seite zusammen.

9

11

10

Tipp Leichter zu nähen als eine aufknöpfbare Knopfleiste ist eine „Fake-Knopfleiste", die du bei Modell ODESSA sehen kannst. Dort verschwindet das untere Ende der „Fake-Knopfleiste" in der Passenansatznaht. Wenn das Modell wie hier am Vorderteil ohne Teilungsnaht auskommt, schlage für ein sauberes Ergebnis auch das untere Ende des aufgenähten Jerseystreifens zur linken Stoffseite hin ein.

9. Wende nun die Riegel und bügle sie ordentlich. Du kannst sie auf Wunsch nun auch rundherum knappkantig absteppen.
10. Versäubere die Saumkante des Ärmels, hier habe ich sie ebenfalls mit einem Jerseystreifen eingefasst; du könntest aber auch einen einfachen Umschlagsaum nähen. Dann stecke den Riegel gegenüber der Seitennaht des Ärmels auf der Innenseite des Ärmels fest. Das offene Ende des Riegels liegt im Inneren des Ärmels, ich habe es ca. 3 cm vom Saum weggerückt.
11. Jetzt schlägst du den Riegel um den fertigen Saum nach außen. Du kannst ihn locker um den Stoff legen oder etwas nach oben ziehen, sodass der Ärmelsaum leicht gerafft wird. Das obere Ende des Riegels fixiere zunächst mit einer Stecknadel. Dann kannst du es festnähen oder auch mit einem aufgenähten Knopf befestigen. Wiederhole den Vorgang beim zweiten Ärmel – und fertig ist dein T-Shirt mit vielen tollen Details!

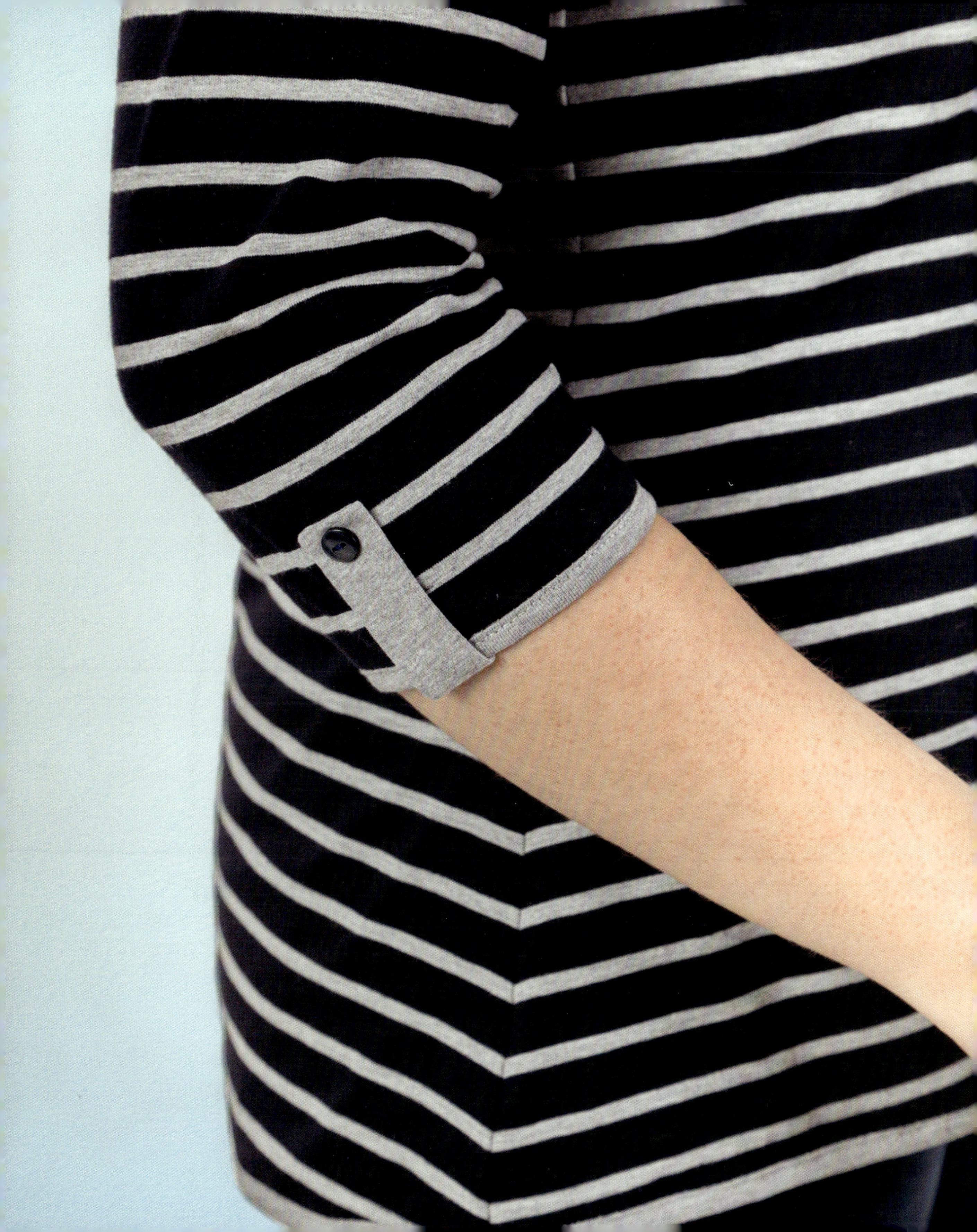

Kairo

Dieses Modell bringt mit gedoppelten Beleg und der hübschen Raffung eine weitere Ausschnittvariation mit. Dafür wird das Schnittmuster ganz leicht abgewandelt.

- tiefer Ausschnitt mit gedoppeltem Beleg
- eingekräuselte Mehrweite am Vorderteil
- lange Ärmel
- gerader Saum

Du brauchst:

- einfarbigen Jersey: 150–180 cm
- leichte, bi-elastische Einlage, z. B. Vlieseline G 785: ca. 30 cm
- Schnittteile 1, 2, 6

Zuschneiden:

AUS HAUPTSTOFF:

- 1 x Schnittteil 1 (Vorderteil) nach den in Schritt 1 und 2 beschriebenen Änderungen mit tiefem Ausschnitt, mit Mehrweite, in der kürzeren Länge mit geradem Saum, am Saum mit Saumzugabe, sonst überall mit Nahtzugabe im Stoffbruch zuschneiden. Die vordere Mitte sowie auf beiden Seiten den Beginn des einzukräuselnden Bereichs (Pfeilmarkierungen im Schnittmuster) markieren
- 1 x Schnittteil 2 (Rückteil) nach den in Schritt 1 und 2 beschriebenen Änderungen mit Rundhalsausschnitt, in der kürzeren Länge mit geradem Saum, am Saum mit Saumzugabe, sonst überall mit Nahtzugabe im Stoffbruch zuschneiden
- 2 x gegengleich Schnittteil 6 (Ärmel) als lange Ärmel, am unteren Ärmelrand mit Saumzugabe, an den Seiten und der Armkugel mit Nahtzugabe zuschneiden
- je 2 x Belege für den vorderen und hinteren Halsausschnitt nach der Anleitung in Schritt 1 und 2 konstruieren und im Stoffbruch zuschneiden, überall Nahtzugaben hinzufügen, vordere und hintere Mitte markieren

AUS EINLAGE:

- je 1 x Belege für den vorderen und hinteren Halsausschnitt nach der Anleitung in Schritt 1 und 2 konstruieren und im Stoffbruch zuschneiden, überall Nahtzugaben hinzufügen

Tipp

Du kannst den äußeren Beleg noch mit Zierknöpfen oder einer kleinen Stickerei verschönern. Alternativ könntest du ihn auch aus kontrastfarbigem oder gemustertem Jersey zuschneiden.

So geht's

1

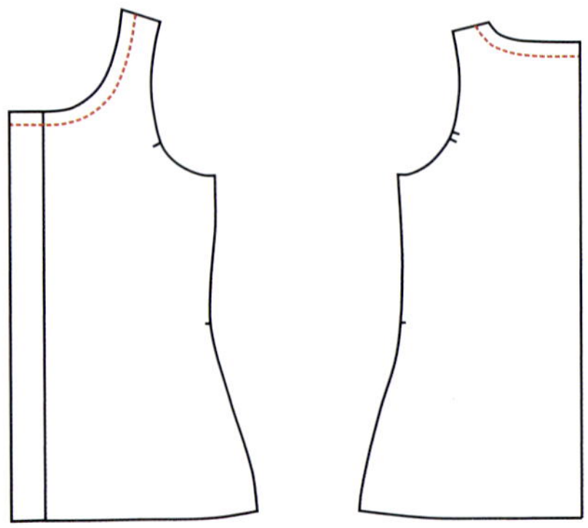

3

2

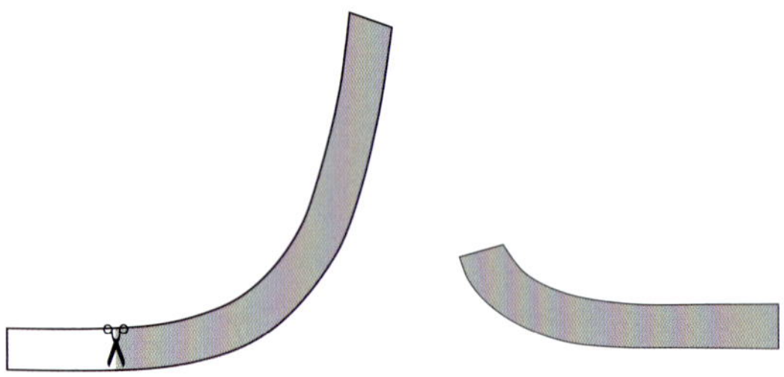

4

1. Pause die Schnittmusterteile 1 und 2 ab. Markiere dir bei Teil 1 auch die Linie für die vordere Mitte ohne Mehrweite. Zeichne nun in 3 cm Entfernung parallel zur Halsausschnittlinie eine zweite Linie ein. Zerschneide die Schnittmusterteile an der eben gezeichneten Linie.
2. Schneide das untere Rückteil im Stoffbruch und das untere Vorderteil mit Mehrweite im Stoffbruch zu. Die abgeschnittenen Halsausschnittbelege werden ohne Mehrweite jeweils zweimal im Stoffbruch zugeschnitten – im Bild ist die benötigte Fläche grau eingefärbt. (Falte das vordere Schnittteil einfach an der entsprechenden Linie um.) Verstärke jeweils einen der Belege auf der Rückseite mit Einlage.
3. Der verstärkte vordere Beleg wird rechts auf rechts an das untere Vorderteil gesteckt – dieses muss dafür mit Kräuselfäden auf die passende Länge gebracht werden. Stecke den Beleg zuerst an der vorderen Mitte und an den Schultern bis zu den Pfeilmarkierungen auf das Vorderteil. Ziehe dann an den Kräuselfäden, bis das Vorderteil die passende Länge hat, und verteile die Kräuselung gleichmäßig. Nähe den Beleg fest und bügle Beleg und Nahtzugabe nach oben.
4. Nähe den verstärkten hinteren Beleg rechts auf rechts an die Halsausschnittkante des Rückteils. Hier wurde ohne Mehrweite zugeschnitten, du musst also nicht kräuseln. Achte darauf, dass die Markierungen für die hintere Mitte aufeinandertreffen. Nach dem Annähen bügle Beleg und Nahtzugabe nach oben.

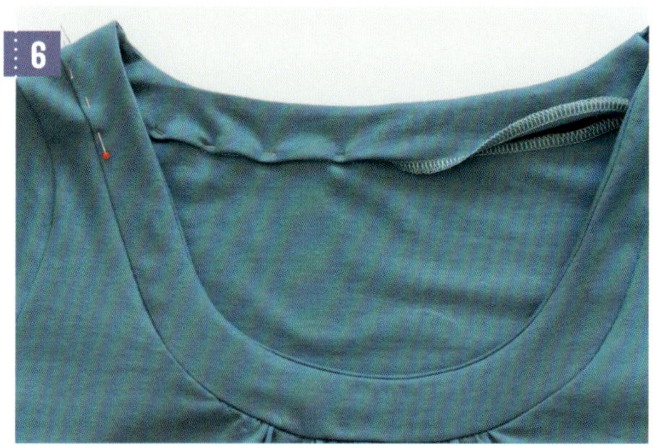

5. Setze Vorder-, Rückteil und Ärmel zum T-Shirt zusammen (siehe S. 31). Nähe nun auch die beiden noch nicht verwendeten Belegteile (= innerer Beleg) an den Schultern rechts auf rechts zusammen. Anschließend kannst du die gerundeten Unterkanten des Belegs versäubern. Dann stecke den inneren Beleg rechts auf rechts auf den äußeren Beleg und nähe ihn entlang der Halsausschnittkante fest.
6. Stülpe den inneren Beleg nach innen und bügle die Ausschnittkante ordentlich zurecht. Stecke die Unterkante des inneren Belegs rundherum mit eingeschlagener Nahtzugabe fest. Dabei wird die Ansatznaht des äußeren Belegs knapp überdeckt.
7. Nähe den festgesteckten Beleg nun fest – am besten von der vorderen Seite her. Du kannst dazu einen flach eingestellten Zickzackstich oder – wenn der Ausschnitt wie hier beim tiefen Halsausschnitt beim An- und Ausziehen nicht gedehnt werden muss – den Geradstich der Haushaltsnähmaschine verwenden. Alternativ kannst du den Beleg für ein besonders sauberes Ergebnis mit Handstichen nur auf der Innenseite an der Nahtzugabe fixieren, sodass von vorn keine Naht zu sehen ist.
8. Zum Schluss wird das T-Shirt gesäumt, hier an den Ärmeln und an Unterkante von Vorder- und Rückteil mit dem bewährten einfachen Umschlagsaum.

London

Der Bubikragen verleiht diesem T-Shirt das besondere Extra. Die geschwungene Form wird aber auch in den Ärmelabschlüssen und am Saum aufgegriffen. Die Schnittteile für die abgerundeten, manschettenartigen Armbündchen kannst du ganz leicht selbst erstellen.

- Rundhalsausschnitt mit Bubikragen
- ¾-Ärmel mit überlappenden „Manschetten"-Bündchen
- geschwungener Saum mit Belegen

Du brauchst:

- gemusterten Jersey: 130–160 cm
- einfarbigen Jersey für den Bubikragen und die Ärmelbündchen: ca. 40 cm
- leichte, bi-elastische Einlage, z. B. Vlieseline G 785: ca. 40 cm
- Schnittteile 1, 2, 6, 11

Zuschneiden:

AUS HAUPTSTOFF:

- 1 x Schnittteil 1 (Vorderteil) mit geschwungenem Saum, rundherum mit Nahtzugaben, im Stoffbruch zuschneiden
- 1 x Schnittteil 2 (Rückteil) mit geschwungenem Saum, rundherum mit Nahtzugaben, im Stoffbruch zuschneiden
- 2 x gegengleich Schnittteil 6 (Ärmel) als ¾-Ärmel, gekürzt um 5 cm zuschneiden; überall Nahtzugaben hinzufügen
- Saumbelege (3 cm breit) für Vorder- und Rückteil, mit Einlage verstärken

AUS KONTRASTSTOFF:

- 2 x Schnittteil 11 (Bubikragen) im Stoffbruch mit Nahtzugaben rundherum zuschneiden, dabei die Markierung für die Schulternaht und die hintere Mitte übertragen und eins der Kragenteile auf der Rückseite mit Einlage verstärken
- 4 x gegengleich „Manschetten"-Bündchen für die Ärmel, Konstruktion und Einzelheiten siehe Schritt 1, mit Nahtzugaben rundherum zuschneiden, je 2 davon auf der Rückseite mit Einlage verstärken

AUS EINLAGE:

- Saumbelege (3 cm breit) für Vorder- und Rückteil
- 1 x Schnittteil 11 (Bubikragen) im Stoffbruch
- 2 x „Maschetten"-Bündchen im Stoffbruch

So geht's

1

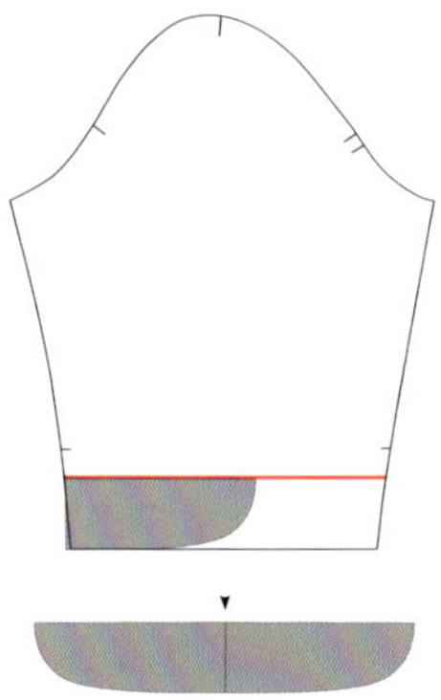

2

3

4

1. Zeichne am gekürzten Ärmel-Papierschnitt unterhalb der Kürzungslinie das „Manschetten"-Bündchen ein. Dieses Schnittteil (graue Fläche) ragt 1–2 cm über die Mitte des Ärmelsaums und wird an dieser Seite abgerundet. Die andere Seite ist die Stoffbruchkante und verläuft rechtwinklig zur Saumlinie des Ärmels. Schneide die Manschette zweimal im Stoffbruch mit Nahtzugaben ringsherum aus Kontraststoff zu, die aufgeklappten Schnittteile sehen dann so aus wie das grau eingefärbte Schnittteil. Markiere jeweils die Mittellinie. Auf die Rückseite von 2 der Manschetten die Einlage aufbügeln.
2. Schließe die Schulternähte, setze die Ärmel ein und schließe Ärmel- und Seitennähte von Vorder- und Rückteil. Wende das Shirt danach auf rechts.
3. Je ein verstärktes und ein nicht verstärktes Schnittteil für die Manschetten werden rechts auf rechts aufeinandergesteckt und an der gebogenen Unterkante zusammengenäht. Danach wende die Schnittteile, forme die Unterkante schön aus und bügle sie. Steppe die Unterkante rundherum ab.
4. Die Manschetten mit den offenen Kanten rechts auf rechts an die Ärmelsäume stecken. Die Mittenmarkierung der Manschetten trifft dabei auf die Seitennaht des Ärmels. Die Enden der Bündchen überlappen einander und liegen gegenüber der Naht.

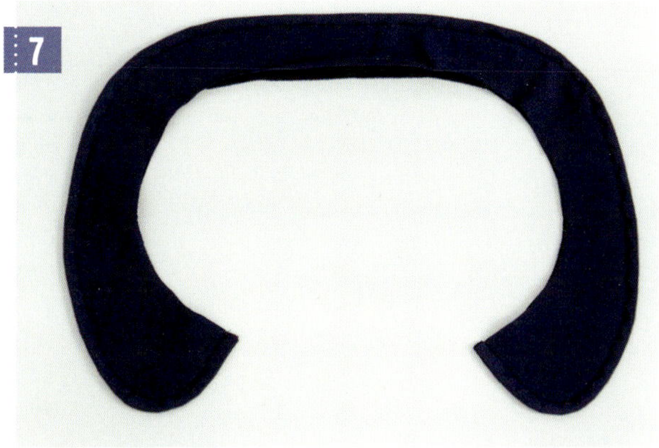

5. Nähe das Bündchenschnittteil rundherum fest, die Nahtzugabe bügle nach oben. Bei Bedarf kannst du sie feststeppen.
6. Stecke nun die beiden Schnittteile für den Bubikragen rechts auf rechts aufeinander und nähe sie entlang der äußeren Rundung zusammen. Dafür kannst du den Geradstich der Haushaltsnähmaschine verwenden. Anschließend schneide die Nahtzugaben an den Rundungen vorsichtig bis ca. 2 mm vor die Naht zackenförmig ein. So kann sich die Rundung nach dem Wenden schöner ausformen.
7. Wende den Bubikragen und bügle die Außenkante ordentlich zurecht. Jetzt kannst du den Kragen entlang der Außenkante mit Geradstich absteppen.
8. Dann wird der Kragen rechts auf rechts an den Halsausschnitt gesteckt. Achte darauf, dass die verstärkte Seite des Kragens oben liegt. Die Schultermarkierungen am Kragen treffen auf die Schulternähte, die hintere Mitte des Kragens auf die hintere Mitte des T-Shirts. Vorn, an der vorderen Mitte, treffen die Kragenschnittteile knapp zusammen. Nähe den Kragen rundherum fest.

Tipp

Es sieht auch toll aus, wenn du bei Schritt 6 zwischen den Teilen des Bubikragens eine Paspel mitfasst. Außerdem könntest du den Halsausschnitt zusätzlich mit einer Fake-Knopfleiste verzieren. Für den Kragen kannst du auch andere Stoffe als Jersey verwenden, z. B. Samt – der Stoff sollte aber dehnbar sein.

9. Bügle die Nahtzugabe ins Innere des T-Shirts und nähe sie rundherum am T-Shirt-Ausschnitt fest. Verwende dafür einen Zickzackstich, damit die Naht dehnbar bleibt.
10. Danach klappe den Kragen wieder nach unten und bügle ihn ordentlich in Form, die eben gemachte Naht wird so verdeckt. Fertig ist der Bubikragen!
11. Zum Schluss wird der geschwungene Saum mit Belegen versäubert. Mehr zu diesem Thema erfährst du auf Seite 42.

Málaga

Durch die eingekräuselte Mehrweite ist das sommerliche Modell besonders luftig und angenehm zu tragen. Das Tropfendetail am Rückenausschnitt ist ein besonderer Blickfang, den du natürlich auch an anderen Shirts arbeiten kannst.

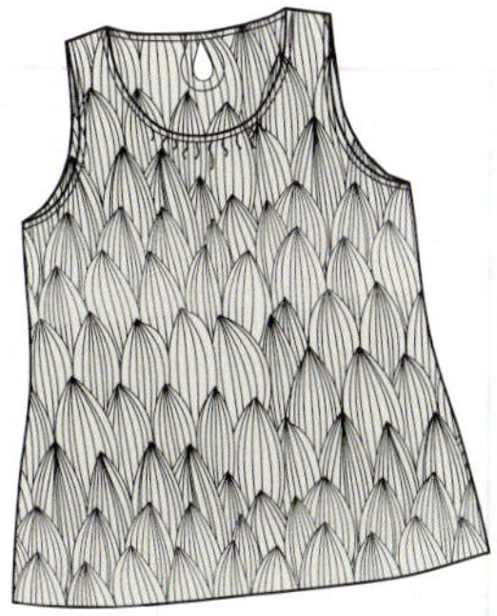

- tiefer Ausschnitt
- eingekräuselte Mehrweite
- tropfenförmiges Ausschnittdetail am Rücken
- ärmellos
- gerader Saum

Du brauchst:

- gemusterten Jersey: 90–150 cm
- optional: Framilonband zum Kräuseln, ca. 20–30 cm
- einen Rest leichte, bi-elastische Einlage, z. B. Vlieseline G 785: ca. 12 x 10 cm
- Schnittteile 1, 2

Zuschneiden:

AUS HAUPTSTOFF:

- 1 x Schnittteil 1 (Vorderteil) mit Mehrweite, tiefem Ausschnitt und geradem Saum, die innere Armausschnittlinie für ärmellose Oberteile verwenden, im Stoffbruch zuschneiden; am Hals und an den Armausschnitten ohne Nahtzugaben, an den Seiten mit Nahtzugabe, unten mit Saumzugabe
- 1 x Schnittteil 2 (Rückteil) mit Rundhalsausschnitt und geradem Saum, die innere Armausschnittlinie für ärmellose Oberteile verwenden, im Stoffbruch zuschneiden; am Hals und an den Armausschnitten ohne Nahtzugaben, an den Seiten mit Nahtzugabe, unten mit Saumzugabe
- Beleg für den tropfenförmigen Ausschnitt am Rückteil, siehe Schritt 1
- 1 Streifen mit 4 cm Höhe, in der Länge des Halsausschnitts x 0,8–0,9
- 2 Streifen mit 4 cm Höhe, in der Länge des Armausschnitts x 0,8–0,9

AUS EINLAGE:

- Beleg für den tropfenförmigen Ausschnitt am Rückteil, siehe Schritt 1

So geht's

1

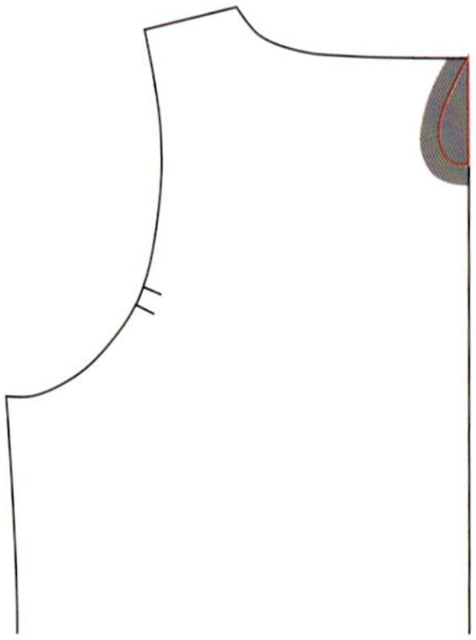

3

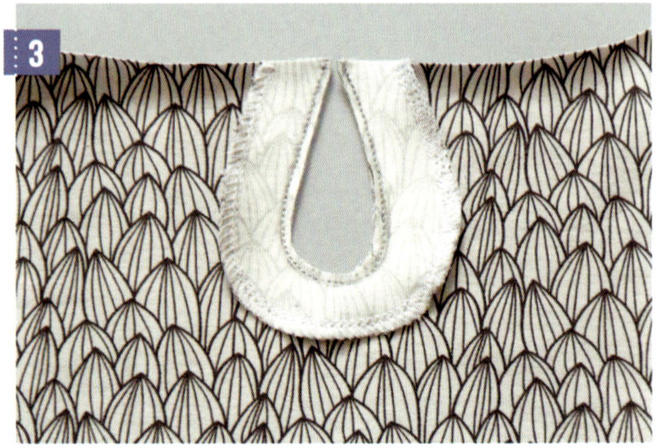

2

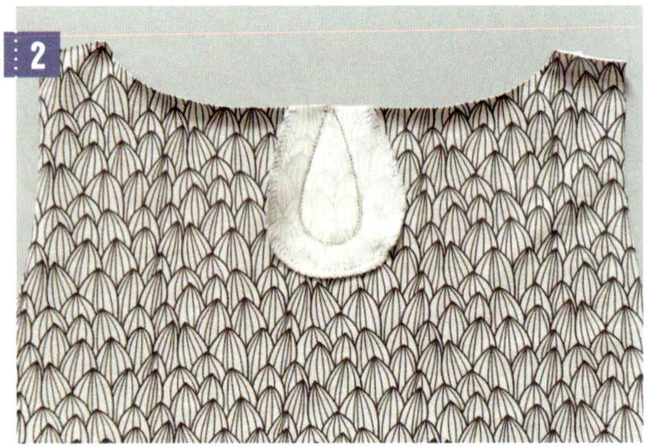

4

1. Pause das oberste Stück des Schnittmusters für das Rückteil ab und zeichne zwischen Halsausschnittlinie und hinterer Mitte einen Ausschnitt in Form eines halben Tropfens. Größe und genaue Form bestimmst du. Hier ist der Ausschnitt etwa 8 cm lang und im unteren Bereich an der breitesten Stelle ca. 3,5 cm breit. Rund um die gezeichnete Linie ziehe eine zweite Linie in ca. 2 cm Abstand. Auf dem Bild ist das so entstandene Belegschnittteil grau eingefärbt. Schneide dieses nun aus Jersey, den du auf der Rückseite mit Einlage verstärkt hast, im Stoffbruch zu. Dabei übertrage unbedingt die innen liegende Linie, die die Form des Ausschnitts markiert, und kennzeichne dir die hintere Mitte. (Siehe auch Modell OSAKA.)
2. Versäubere die gerundete Außenlinie des Belegs. Stecke den Beleg dann rechts auf rechts an die Halsausschnittkante des Rückteils. Die hintere Mitte des Belegs liegt genau über der hinteren Mitte des Rückteils. Nähe den Beleg entlang der innen liegenden Linie fest, dazu verwende den Geradstich der Haushaltsnähmaschine.
3. Schneide das Innere des Tropfens ca. 2–3 mm neben der Naht durch beide Stofflagen vorsichtig aus. Im Bereich der Rundung kannst du kleine Einschnitte bis dicht vor die Naht machen, dann formt sich die Rundung schöner aus.
4. Jetzt stülpe den Beleg zur linken Stoffseite des Rückteils hin. Bügle die Kante ordentlich zurecht.

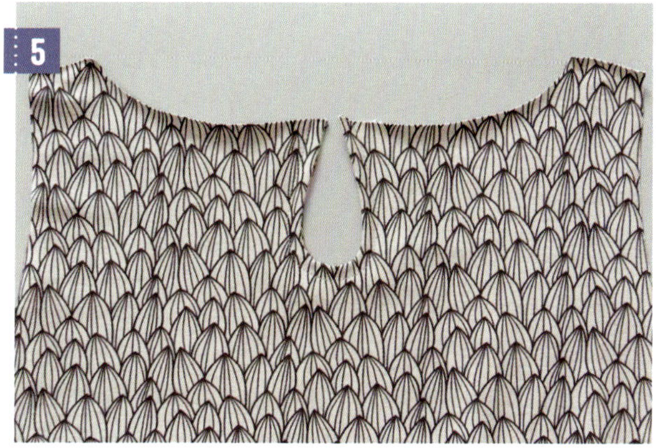

5. Steppe den Beleg entlang der Tropfenform etwa füßchenbreit fest. Bei Bedarf kannst du den Beleg zusätzlich auch entlang der äußeren Rundung festnähen, verwende dafür den Geradstich.
6. Am Vorderteil kräusle den Ausschnitt zwischen den Pfeilmarkierungen gleichmäßig auf die Breite des tiefen Ausschnitts ohne Mehrweite ein (vergleiche mit dem Papierschnittmuster). Arbeite mit Kräuselfäden und ziehe an diesen, bis die gewünschte Breite erreicht ist. Wenn du lieber mit Framilonband raffst, schneide dieses in der Länge des Ausschnitts ohne Mehrweite zu (miss ab der Pfeilmarkierung bis zur vorderen Mitte am Papierschnittmuster ab, verdopple die Strecke und füge 2 cm Nahtzugaben hinzu). Mehr über Kräuseln erfährst du auf Seite 52.
7. Nach diesen Vorbereitungen kannst du Vorder- und Rückteil sowohl an den Schultern als auch an den Seiten zusammennähen.
8. Nun fehlt nur mehr die Versäuberung von Hals- und Armausschnitten. Das gelingt hier am schönsten mit einem Einfassstreifen, den du leicht gedehnt annähst wie auf Seite 40 beschrieben. Auch über dem Tropfenausschnitt nähe den Einfassstreifen wie gewohnt fest. Achte darauf, dass beim ersten Annähen des Jerseystreifens der Stoff schön flach liegt und sich die oberen Enden des Tropfenausschnitts auf derselben Höhe befinden.

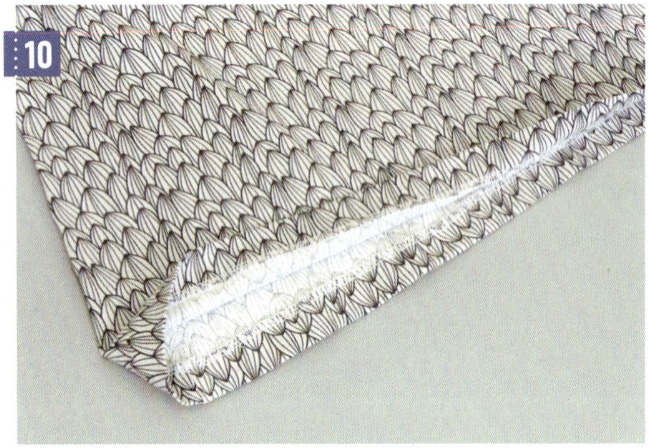

Tipp

Die Form des Ausschnittdetails kannst du variieren – ein Dreieck oder ein länglicher Schlitz macht sich beispielsweise auch gut. Du könntest so ein Ausschnittdetail auch am Vorderteil oder am Saum bzw. an den Ärmelsäumen eines T-Shirts platzieren. Die Verarbeitung gelingt am leichtesten mit Belegen, alternativ kannst du eine solche Ausschnittkante auch mit einem schmalen Jerseystreifen einfassen.

9. Versäubere dann auch beide Armausschnitte mit Einfassstreifen, die leicht gedehnt angenäht werden. Dein Top ist jetzt schon fast fertig.
10. Zuletzt wird noch der Saum genäht – hier ein einfacher Umschlagsaum.

Osaka

Der interessante Ausschnitt mit Schlitz und Bindebändern macht dieses T-Shirt zu etwas ganz Besonderem. Die ausgestellten und am Saum gerafften Ärmel verleihen dem Modell den Feinschliff.

- Rundhalsausschnitt mit Schlitz
- Bindebänder am Ausschnitt
- ausgestellte ¾-Ärmel mit Raffung am Saum
- gerader Saum

Du brauchst:

- einfarbigen Jersey: 130–170 cm
- einen Rest leichte, bi-elastische Einlage, z. B. Vlieseline G 785: ca. 10 x 15 cm
- Schnittteile: 1, 2, 8

Zuschneiden:

AUS HAUPTSTOFF:

- 1 x Schnittteil 1 (Vorderteil) mit Rundhalsausschnitt und geradem Saum im Stoffbruch zuschneiden, am Halsausschnitt ohne Nahtzugaben, an den Seiten und Armausschnitten mit Nahtzugaben, am Saum Saumzugaben hinzufügen
- 1 x Schnittteil 2 (Rückteil) mit Rundhalsausschnitt und geradem Saum im Stoffbruch zuschneiden, am Halsausschnitt ohne Nahtzugaben, an den Seiten und Armausschnitten Nahtzugaben, am Saum Saumzugaben hinzufügen
- 2 x gegengleich Schnittteil 8 (ausgestellter Ärmel) als ¾-Arm zuschneiden, mit Nahtzugaben an den Seiten und der Armkugel, ohne Saumzugaben an der Unterkante
- 1 Streifen, 4 cm hoch, in der Länge des Halsausschnitts x 0,85–0,9 + ca. 50 cm
- 2 Streifen, 4 cm hoch in der Länge des Ärmelsaums in ¾-Länge, abgemessen an Schnittteil 6 (!), x 0,85–0,9
- 1 x Beleg für den Schlitz am Halsausschnitt (siehe Schritt 1)

AUS EINLAGE:

- 1 x Beleg für den Schlitz am Halsausschnitt (siehe Schritt 1)

So geht's

1

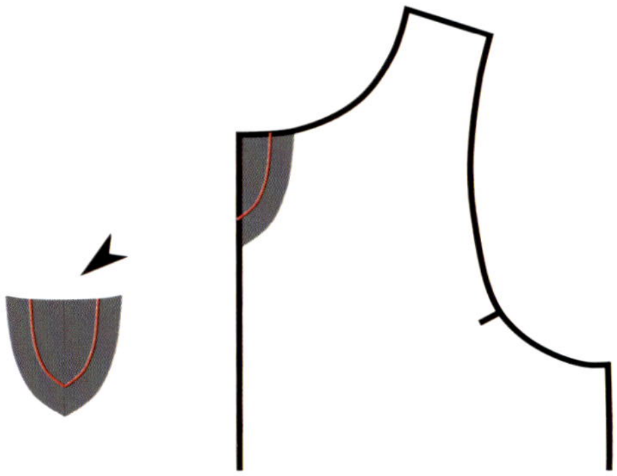

3

2

4

1. Pause den obersten Teil von Schnittteil 1 noch einmal ab. Zeichne zwischen vordere Mitte und Halsausschnittlinie einen Schlitz. Hier ist der Ausschnitt 8 cm lang und oben 2,5 cm breit, die Außenlinie verläuft leicht geschwungen. Parallel zu dieser Linie, im Abstand von 2 cm, zeichne eine zweite Linie. Das fertige Belegschnittteil ist auf dem Bild grau eingefärbt.
2. Verstärke ein kleines Stück Jersey von links mit Bügeleinlage und schneide daraus den Beleg im Stoffbruch zu. Füge rundherum, außer oben an der Halsausschnittlinie, Nahtzugaben hinzu. Übertrage die innere (hier rote) Linie und kennzeichne oben und unten die vordere Mitte. Versäubere die Außenkante des Belegs und stecke ihn rechts auf rechts an den vorderen Halsausschnitt – beachte die Markierungen für die vordere Mitte. Nähe den Beleg dann entlang der markierten Linie mit dem Geradstich fest.
3. Schneide nun das Innere des Schlitzes durch beide Stofflagen ca. 2–3 mm neben der Naht aus. Eventuell mache noch kleine Einschnitte bis dicht vor die Naht, damit sich der Stoff später beim Wenden schöner in Form legt.
4. Stülpe den Beleg nach hinten und bügle die Kante zurecht. Die versäuberten Außenkanten des Belegs schlage auf der linken Seite nach innen ein. Stecke die Kanten fest und nähe sie wiederum von vorn fest. So sind keine offenen Kanten mehr zu sehen.

5. Die Ärmelsäume werden auf die Breite der normalen ¾-Ärmel gerafft. Miss dafür an Schnittteil 6 (normaler Ärmel) die passende Länge ab und kräusle die Ärmelsäume auf diese Länge ein. Du kannst mit Kräuselfäden oder mit Framilonband arbeiten (siehe S. 52).
6. Nun kannst du die einzelnen Teile des T-Shirts wie gewohnt zusammennähen. Du findest dazu auf Seite 31 eine genaue Anleitung.
7. Die Ärmelsäume werden mit einem Einfassstreifen aus Jersey versäubert. Schließe diesen vorher an den kurzen Seiten zum Rund und nähe ihn dann am Ärmelsaum fest, wie auf Seite 40 beschrieben.
8. Auch der Halsausschnitt wird mit einem Einfassstreifen versäubert, der an den Ausschnittenden jeweils zum Bindeband verlängert ist. Stecke den Streifen daher so an, dass er an den Schlitzenden jeweils ca. 25 cm übersteht. Entlang des Halsausschnitts wird der Streifen wie üblich leicht gedehnt angesteckt und angenäht.

9. Falte den angenähten Einfassstreifen nach oben und klappe ihn dann zur linken Stoffseite um. Schlage ihn dort noch einmal nach innen ein, bis er an der Ausschnittkante anstößt. Fotos hierzu findest du auf Seite 40. Geh auch an den überstehenden Enden des Streifens so vor und stecke alles gut fest. Das Ende des Bindebands kannst du für einen schönen Abschluss nach innen einschlagen.
10. Nähe den Streifen entlang der gesamten Länge – also an den überstehenden Enden und auch entlang des Halsausschnitts – zusammen. Du kannst die Bindebänder an deinem fertigen Shirt beim Tragen lose hängen lassen …
11. … oder sie zur Schleife binden bzw. locker verknoten. Wenn du auf die Bindebänder lieber verzichtest, kannst du einen Ausschnitt mit Schlitz auch mit einem durchgehenden Beleg nähen, wie im Modell MÁLAGA in Schritt 8 beschrieben.
12. Abschließend wird das T-Shirt gesäumt, indem die Saumkante im Abstand der Saumzugabe zur linken Seite hin eingeschlagen und – beispielsweise mit einem Zierstich – festgenäht wird.

Phoenix

Durch die angesetzten Schnittteile wirkt es so, als würde unter dem Shirt ein zweites Kleidungsstück getragen werden. Das ist übrigens eine tolle Möglichkeit, kleinere Stoffreste zu verwerten.

- V-Ausschnitt
- „Lagenlook" durch angesetzte Schnittteile
- lange Ärmel und Armabschlüsse mit Fake-Paspel
- gerader Saum mit seitlichem Schlitz

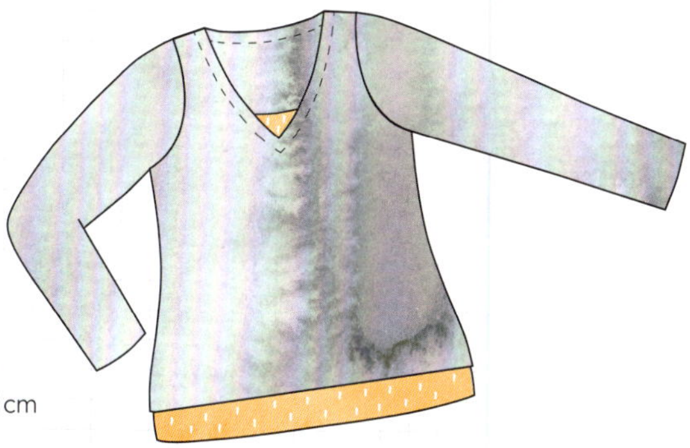

Du brauchst:

- einfarbigen Jersey: 150–170 cm
- kontrastfarbigen oder gemusterten Jersey für die im Lagenlook angesetzten Teile: ca. 30 cm
- bi-elastische Einlage, z. B. Vlieseline G 785: ca. 30 cm
- Schnittteile 2, 3, 6

Zuschneiden:

AUS HAUPTSTOFF:

- je 1x Schnittteil 3 (Vorderteil) mit V-Ausschnitt und Schnittteil 2 (Rückteil) mit Rundhalsausschnitt mit geradem Saum, evtl. etwas gekürzt (siehe Schritt 1), überall mit Nahtzugaben, am Saum mit Saumzugaben im Stoffbruch zuschneiden
- 2x gegengleich Schnittteil 6 (Ärmel) als Langarm, überall Nahtzugaben hinzufügen
- Belege für den V-Ausschnitt (Konstruktion siehe S. 36)
- 2x Belege für den Ärmelsaum, 2,5 cm breit

AUS EINLAGE:

- Belege für den V-Ausschnitt (Konstruktion siehe S. 36)
- evtl. 1x Einsatz für V-Ausschnitt (siehe Schritt 3)

AUS KONTRASTSTOFF:

- je 2x am Saum angesetztes Schnittteil für Vorderteil und Rückteil, mit Nahtzugaben und im Stoffbruch zuschneiden (siehe Schritt 1 und 2)
- 2x Einsatz für V-Ausschnitt (siehe Schritt 3)
- 2x einen 2 cm hohen Streifen in der Länge des Ärmelsaums für die Fake-Paspel am Ärmelabschluss

Tipp

Das angesetzte Schnittteil könntest du auch aus Spitzenstoff oder Blusen- bzw. Hemdenstoff zuschneiden – achte aber darauf, elastischen Stoff zu verwenden.

So geht's

1

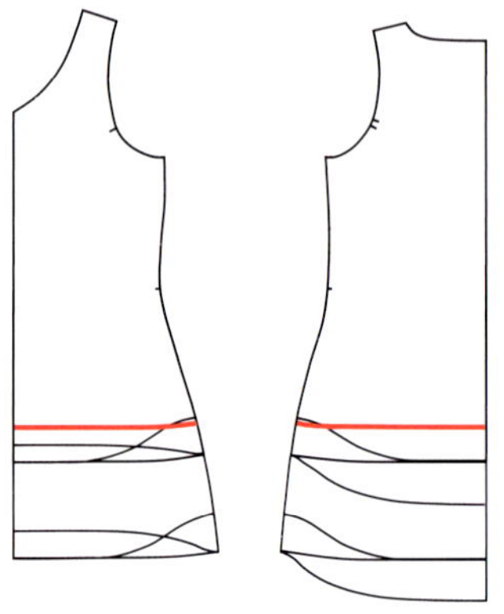

3

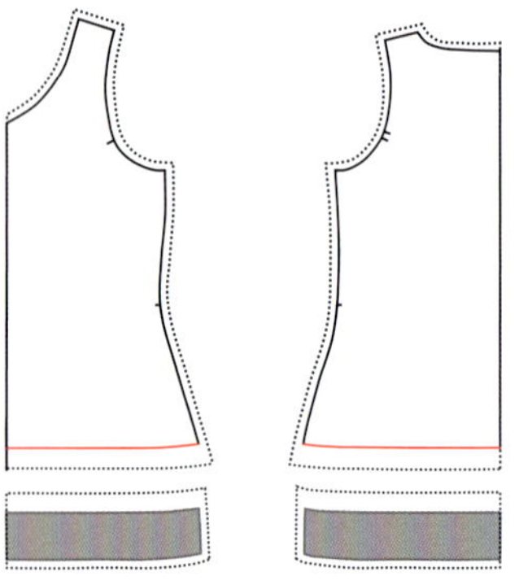

2

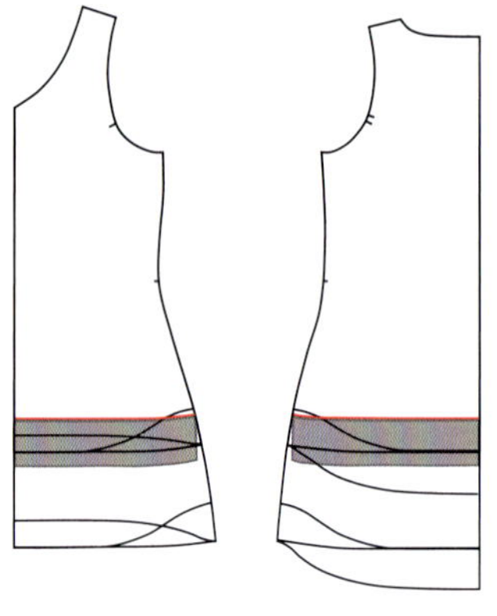

4

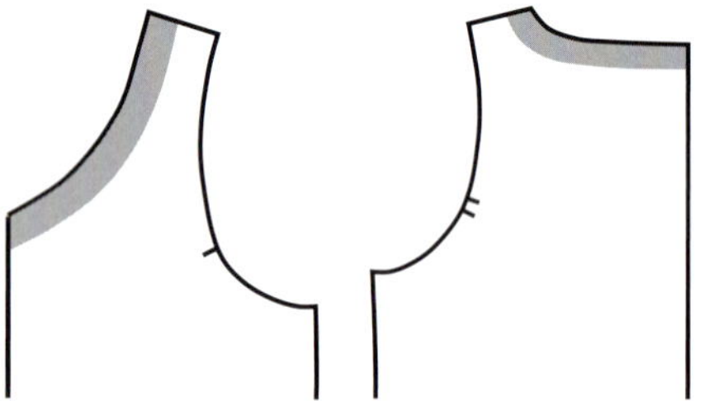

1. Für den Lagenlook zeichne vor dem Zuschneiden am Papierschnittmuster für Vorder- und Rückteil Teilungslinien ein. Hier wurden Vorder- und Rückteil um 3 cm gekürzt (rote Linie.)
2. Die angesetzten Schnittteile (graue Fläche) zeichne dir unterhalb der roten Linie ein. Hier sind sie 7 cm hoch. Die Seitenlinie begradigen, damit der Schlitz später besser zu sehen ist. Pause die grau unterlegten Flächen ab.
3. Schneide Vorder- und Rückteil des T-Shirts jeweils im Stoffbruch zu, füge rundherum Nahtzugaben und am Saum Saumzugaben (z. B. 2,5 cm) hinzu. Die angesetzten Schnittteile schneide ebenfalls jeweils 2 x im Stoffbruch zu – an der Oberkante füge Nahtzugaben in der Höhe der am Vorder-und Rückteil hinzugefügten Saumzugaben hinzu, am Saum und seitlich die üblichen Nahtzugaben.
4. Für den Halsausschnitt brauchst du für Vorder- und Rückteil Belege, im Bild gekennzeichnet durch die graue Fläche – siehe dazu Seite 42. Schneide die Belegschnittteile je 1 x im Stoffbruch zu und verstärke sie auf der Rückseite mit Einlage.

5

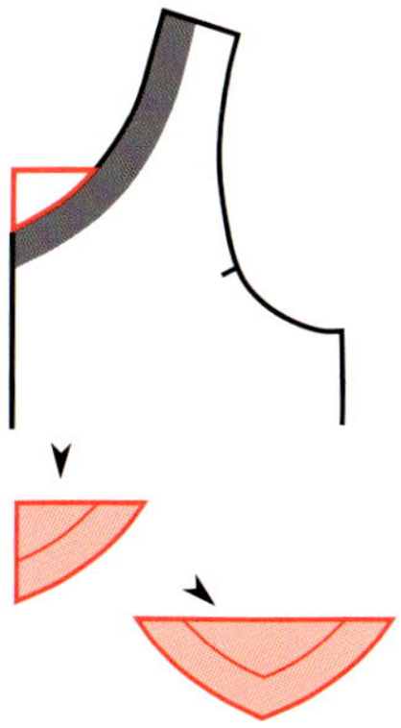

7

6

8

5. Für den Einsatz pause Schnittteil 3 im Bereich des V-Ausschnitts noch einmal ab. Verlängere die Linie für die vordere Mitte etwa 5 cm nach oben und zeichne dann eine waagerechte Verbindungslinie zum Halsausschnitt (rote Linie). Es entsteht eine Art Dreieck. Dieses schneide nun 2x an der vorderen Mitte im Stoffbruch zu. An der Oberkante füge eine normale Nahtzugabe hinzu, an den Seitenkanten Nahtzugaben in der Breite der Belege für den V-Ausschnitt. Auf dem Bild ist das entstandene Schnittteil rosa eingefärbt. Verstärke anschließend eines der beiden Schnittteile mit Einlage.
6. Jetzt geht es ans Nähen. Schließe zuerst die Schulternähte, setze die Ärmel ein und nähe das T-Shirt an den Ärmelseiten und den Seiten von Vorder- und Rückteil zusammen. Danach wende es auf rechts.
7. Den Halsausschnitt versäubere mit den vorbereiteten Belegen. An der Spitze des Vs kannst du durch beide Stofflagen einen kleinen Einschnitt bis kurz vor die Naht machen, dann formt sich die Spitze noch etwas schöner aus.
8. Nähe nun die beiden Schnittteile für den Einsatz am V-Ausschnitt an ihrer Oberkante rechts auf rechts zusammen. Wende die zusammengenähten Dreiecke links auf links. An der Oberkante kannst du sie mit einer Steppnaht verbinden, die Seiten des Dreiecks nähe ebenfalls am Rand zusammen, z. B. wie hier mit einer Overlock-Versäuberungsnaht.

9. Stülpe den Beleg am V-Ausschnitt nach innen und bügle die Ausschnittkante ordentlich zurecht. Wende das Shirt nun auf links und stecke den Einsatz an das untere Ende des Belegs. Nähe den Einsatz seitlich am Beleg fest.
10. Wende das T-Shirt erneut und steppe nun den Beleg an dessen Unterkanten am T-Shirt-Ausschnitt fest. Auch der dreieckige Einsatz wird so festgenäht.

11. Jetzt werden die an den Saum angesetzten Schnittteile vorbereitet. Nähe die zwei Vorder- und die zwei Rückteile jeweils an den Seiten und an der Unterkante rechts auf rechts zusammen. Wende die Schnittteile, forme die Ecken schön aus und bügle alles ordentlich. Auf Wunsch kannst du Seiten- und Unterkante auch absteppen.
12. Die so entstandenen Schnittteile werden mit der offenen Oberkante rechts auf rechts an die Unterkante des T-Shirts gesteckt. An den Seitennähten treffen die Schnittteile knapp aneinander. Nähe die angesetzten Teile rundherum fest, dann klappe sie nach unten und bügle die Nahtzugabe nach oben.

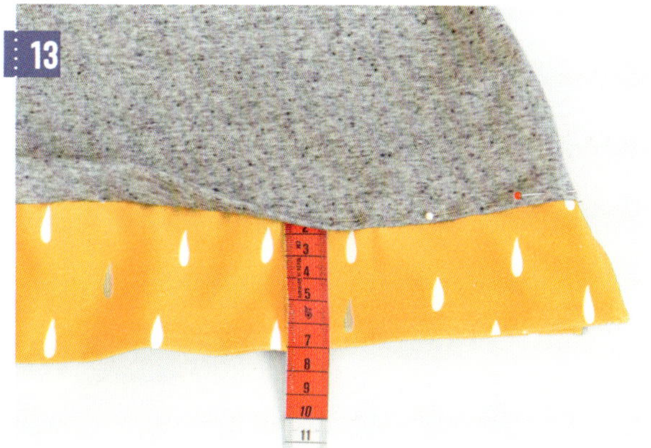

13. Nun schlägst du den T-Shirt-Stoff an der Saumkante in der Breite der Saumzugabe nach innen um. Das angesetzte Schnittteil wird so vom T-Shirt-Stoff überlappt und es entsteht der Eindruck eines darüberliegenden Saums.
14. Wenn der Saum rundherum gleichmäßig umgeschlagen und gut festgesteckt ist, nähe ihn an der Oberkante – also auf Höhe der Ansatznaht von T-Shirt und angesetztem Schnittteil – rundherum fest. Dafür kannst du einen elastischen Zierstich oder den Zickzackstich verwenden oder mit der Zwillingsnadel arbeiten.
15. Die Streifen für die Fake-Paspel an den Armausschnitten nähe an den kurzen Seiten rechts auf rechts zum Ring. Falte sie dann links auf links auf halbe Höhe zusammen. Stecke und nähe die Paspel nun an den Ärmelsaum, die offenen Kanten schließen mit dem Ärmel ab. (Zum Thema Fake-Paspel siehe auch S. 55.) Anschließend nähe den zum Ring geschlossenen Ärmelbelegstreifen rechts auf rechts an den Ärmelsaum. Versuche, genau auf Höhe der Paspelnaht zu nähen.
16. Die Belege werden jetzt nach innen gestülpt und gebügelt. Die Fake-Paspel wird nun schön sichtbar. Die Unterkante der Belege nähe am Ärmel fest.

Noch mehr Variationen

Außer den hier gezeigten T-Shirts kannst du noch viele weitere Varianten nähen! Kombiniere die Schnittteile nach deinen Wünschen und probiere die verschiedenen Verarbeitungsmethoden aus. Darüber hinaus lass deiner eigenen Fantasie freien Lauf – mit etwas Mut zum Experimentieren kannst du den Basic-Schnitt aus diesem Buch noch vielfach abwandeln.

Ausschnittformen:
Probier doch mal einen eckigen oder einen asymmetrischen Halsausschnitt aus. Solche „schwierigen" Ausschnittformen lassen sich gut mit einem Beleg verarbeiten, das Annähen eines Bündchens funktioniert allerdings nicht so gut.

Teilungsnähte:
Neben der Passe kannst du noch andere Teilungen einfügen. Zerlege den abgepausten Papierschnitt in die gewünschten Teile und schneide diese dann mit Nahtzugaben zu. Nach dem Aneinandernähen der einzelnen Teile wird das T-Shirt wie gewohnt zusammengesetzt.

So kannst du übrigens nicht nur mit verschiedenen Farb- und Stoffkombinationen wirkungsvolle Effekte erzielen, sondern auch gut Stoffreste verwerten.

Saumformen:
Schneide doch mal einen schrägen Saum zu oder runde den Saum weiter ab. Wie wäre es mit einer Bogenkante (arbeite mit einem Beleg) oder gefallen dir vielleicht Fransen besser?

Saumlängen:
Du möchtest ein „cropped T-Shirt" nähen – dann kürze doch entsprechend. Oder verlängere den Long-Shirt-Schnitt noch weiter und nähe ein Kleid.

Verzierungen:
T-Shirts lassen sich nicht nur mit Applikationen verschönern. Probier doch mal aufbügelbare Motive aus oder versuche dich im Bedrucken und Bestempeln von Stoff. Du kannst T-Shirts auch besticken, von Hand oder mit der Maschine.

Noch mehr tolle Bücher ...

Passt perfekt Plus Size
Schnittanpassung für großartige Nähprojekte
20 x 23,5 cm, Hardcover
ISBN 978-3-96093-593-3

Alles Jersey – Kleider und Shirts Plus Size – Mix and match
Schnittteile kombinieren – Über 100 Projekt in den Größen 46–48 nähen
20 x 23,5 cm, Hardcover
ISBN 978-3-7459-0221-1

Kleider nähen
Das große Buch für mehr als 200 individuelle Kleider
19,8 x 26,1 cm, Hardcover
ISBN 978-3-86355-401-9

Über die Autorin

Nähen ist eine der größten Leidenschaften der Autorin Stefanie Brugger und nicht mehr aus ihrem Alltag wegzudenken. Sie schätzt dabei vor allem die Möglichkeit, liebevoll und nach eigenen Wünschen angefertigte, individuelle Kleidungsstücke als Alternative zur industriellen Massenproduktion herstellen zu können.
Unter dem Label „Fabelwald" (www.fabelwald.at) bietet Stefanie Brugger Schnitte und Nähanleitungen für Kinder- und Damenkleidung an.
Stefanie Brugger arbeitet und lebt mit ihrer Familie in Österreich.

Danksagung

An der Entstehung eines Buchs sind viele Menschen beteiligt, deren Arbeit sich zum Schluss zu einem Ganzen zusammenfügt.

Ganz besonders für ihre Mitwirkung bedanken möchte ich mich bei

- meinen Kindern und meinem Mann für ihre Geduld und ihr Verständnis
- bei den Sponsoren stoffe.de, Snaply, Alles für Selbermacher, ::Stoffbüro:: und Gütermann für das Bereitstellen der tollen Stoffe und des Nähzubehörs
- bei Solveigh Keikavoussi von der Schnittmacherei sowie bei Heike Fröhlich und den anderen MitarbeiterInnen des EMF-Verlags für die erneute gute Zusammenarbeit und die Idee zum Buch
- bei allen Probenäherinnen für ihre wertvolle Hilfe
- bei allen Nähfreundinnen und Bloggerinnen, die mich mit Rat und Tat unterstützt haben.

Quellenangaben

Veblen, Sarah: Der große Fotoguide für die perfekte Passform; Stiebner; 3., durchgesehene Neuauflage 2016

Burda K695 Nähen leicht gemacht; Verlag Aenne Burda; 2002, 2006

Impressum

Bibliografische Information der Deutschen Bibliothek.

Die Deutsche Bibliothek verzeichnet diese Publikation in der Deutschen Nationalbibliografie. Detaillierte bibliografische Daten sind im Internet über http://www.dnb.de/ abrufbar.

EIN BUCH DER EDITION MICHAEL FISCHER

1. Auflage 2021

Produktmanagement: Heike Fröhlich, Judith Wiedemann
Lektorat: Ute Wielandt, Baar-Ebenhausen
Covergestaltung: Bernadett Linseisen, Anna Köperl
Layout und Satz: Bernadett Linseisen
Schnitttechnik: Solveigh Keikavoussi, Hamburg
Bilder: Katja Schubert, Shot Fotografie, München: 60, 64, 68, 72, 76, 80, 84, 88, 91 (rechte Spalte), 92, 97, 98, 102, 107 (rechte Spalte), 108, 113, 114, 118, 123, 124, 129, 130, 135, 136
Yvonne Jahnke, Hamburg: 11, 12 (oben), 13, 14, 39 (linke Spalte), 43, 44, 45 (linke Spalte), 52, 55, 57
Silke Türck, München: 9
BROTHER Sewing Machines Europe GmbH: 14
Elisabeth Wilbat, Stuttgart: 41 (links unten), 47
Alle anderen Fotos: Stefanie Brugger

ISBN 978-3-7459-0326-3

Gedruckt bei Polygraf Print, Čapajevova 44, 08001 Prešov, Slowakei

www.emf-verlag.de